整体性治理视野下
住房市场中的地方政府行为研究

娄文龙 著

燕山大学出版社
·秦皇岛·

图书在版编目（CIP）数据

整体性治理视野下住房市场中的地方政府行为研究 / 娄文龙著. —2版. —秦皇岛：燕山大学出版社，2022.1

ISBN 978-7-5761-0286-4

Ⅰ. ①整… Ⅱ. ①娄… Ⅲ. ①地方政府－政府行为－作用－住宅市场－研究－中国 Ⅳ. ①F299.233.5

中国版本图书馆 CIP 数据核字（2021）第 281249 号

整体性治理视野下住房市场中的地方政府行为研究
娄文龙 著

出 版 人：	陈　玉
责任编辑：	朱红波
封面设计：	吴　波
出版发行：	燕山大学出版社
地　　址：	河北省秦皇岛市河北大街西段 438 号
邮政编码：	066004
电　　话：	0335-8387555
印　　刷：	英格拉姆印刷(固安)有限公司
经　　销：	全国新华书店

开　本：700mm×1000mm　1/16		印　张：12	字　数：208 千字
版　次：2022 年 1 月第 2 版		印　次：2022 年 1 月第 1 次印刷	
书　号：ISBN 978-7-5761-0286-4			
定　价：36.00 元			

版权所有　侵权必究

如发生印刷、装订质量问题，读者可与出版社联系调换

联系电话：0335-8387718

目 录

- 第 1 章 绪论 1
  - 1.1 研究背景与问题的提出 1
    - 1.1.1 研究背景 1
    - 1.1.2 问题的提出 2
    - 1.1.3 研究意义 3
  - 1.2 国内外研究现状 5
    - 1.2.1 国外研究现状 5
    - 1.2.2 国内研究现状 10
  - 1.3 研究方法及创新之处 18
    - 1.3.1 研究方法 18
    - 1.3.2 可能的创新之处 20
  - 1.4 研究思路 20
- 第 2 章 研究的理论基础及分析框架 23
  - 2.1 相关概念界定 23
    - 2.1.1 住房市场 23
    - 2.1.2 地方政府 25
    - 2.1.3 政府行为 26
  - 2.2 整体性治理理论的主要内涵 27
    - 2.2.1 目标是以问题为中心,提供无缝隙服务 28
    - 2.2.2 着眼于政府与社会各类组织的跨界合作 29
    - 2.2.3 强调官僚制组织结构基础 30
    - 2.2.4 重视整合、协调与整体运作 31

2.3 整体性治理理论下的住房市场中政府行为的分析框架 34
2.4 本章小结 35

第3章 我国住房市场中地方政府行为的演变 37
3.1 计划经济体制时代下住房供给中的地方政府行为 37
    3.1.1 统一建设 39
    3.1.2 统一分配 39
    3.1.3 统一管理 40
    3.1.4 计划经济体制下住房状况的评价 40
3.2 市场经济体制下住房市场中的地方政府行为 43
    3.2.1 建设方式的转变 44
    3.2.2 分配方式的转变 46
    3.2.3 管理方式的转变 48
    3.2.4 住房市场化后住房状况的评价 49
3.3 住房制度改革后住房市场存在的问题 51
    3.3.1 住房市场的垄断结构 52
    3.3.2 房价过高 54
    3.3.3 住房市场的产品结构不合理 56
    3.3.4 住房市场中的信息混乱 60
    3.3.5 住房市场中的违法行为屡禁不绝 63
    3.3.6 住房市场阻碍实体经济的发展 65
3.4 本章小结 67

第4章 当代中国住房市场中地方政府治理行为存在的问题及治理变革的必要性 69
4.1 当代中国住房市场中地方政府治理行为存在的问题 70
    4.1.1 住房市场治理主体间的合作不足 70

4.1.2 地方政府与公民社会间的选择性协作 83
　　　4.1.3 住房市场治理决策机制不完善 86
　　　4.1.4 住房市场治理运行机制不健全 96
　　　4.1.5 住房市场治理评估和监督机制空缺化 102
　　　4.1.6 住房市场治理效果不佳 104
　4.2 地方政府对住房市场治理变革的必要性 104
　　　4.2.1 解决多头管理的弊端需要变革地方政府的组织结构 .. 105
　　　4.2.2 地方政府需要借助信息手段来治理住房市场 106
　　　4.2.3 地方政府需要学会与公民社会合作 107
　4.3 本章小结 107

第5章 住房市场中地方政府行为分析：以北京市为例 109
　5.1 2009年以来北京市政府对住房市场调控的案例介绍 110
　5.2 北京市政府在住房宏观调控中的治理行为分析 115
　　　5.2.1 北京市住房市场治理主体的不协调 115
　　　5.2.2 北京市政府与公民社会协作得不够充分 117
　　　5.2.3 北京市政府住房市场治理决策机制中的不足 118
　　　5.2.4 北京市政府住房市场治理运行机制存在缺陷 122
　　　5.2.5 北京市政府住房市场治理评估和监督机制尚是空白 .. 123
　　　5.2.6 北京市政府住房市场治理效果不理想 124
　5.3 本章小结 125

第6章 西方国家整体性治理改革的经验及其借鉴 127
　6.1 整体性治理理论在西方国家的运用 127
　　　6.1.1 英国的"协同政府"改革实践 127
　　　6.1.2 美国的整体性治理实践 130
　　　6.1.3 澳大利亚的"整体政府"改革实践 131

6.1.4 其他西方国家的整体性治理实践 133
6.2 西方国家整体性治理理论与实践对我国住房市场治理的借鉴.. 134
6.2.1 整体性治理理论为住房市场治理提供了相关工具 .. 135
6.2.2 住房市场治理中各个部门需要目标一致 135
6.2.3 住房市场治理中需要整体性的治理结构 136
6.3 本章小结 137

第7章 住房市场中地方政府的整体性治理路径构建 139
7.1 构建住房市场治理主体间的整体性组织结构 139
7.1.1 住房市场治理的价值取向：整体的治理理念 139
7.1.2 住房市场治理的大部门管理 141
7.2 地方政府与非营利住房组织的协作治理 142
7.2.1 在协作关系中起主导作用的应该是地方政府 142
7.2.2 发挥非营利住房组织力量 143
7.2.3 加强对非营利住房组织的监管 145
7.3 优化住房市场治理的决策机制 147
7.3.1 住房市场整体性治理目标的制定 147
7.3.2 建立与完善相应的法律体系 150
7.3.3 建立整合统一的政府间协调机制 151
7.3.4 实现以跨部门业务协同为特征的流程再造 154
7.4 畅通住房市场治理的运行机制 156
7.4.1 住房市场治理信息中心的建立 156
7.4.2 通过电子化政府建立统一的住房市场治理中心 156
7.4.3 采用统一的数据规范并统一处理和管理 157
7.4.4 建构畅通的信息交流平台 158
7.4.5 实现以一体化为特征的便捷服务 158

7.4.6 建立专业的人才队伍 159
7.5 完善住房市场治理的评估和监督机制 159
7.5.1 构建住房市场治理的评估体系 159
7.5.2 构建住房市场治理的监督体系 163
7.6 本章小结 164
结　　论 166
参考文献 168

第1章 绪　　论

1.1 研究背景与问题的提出

1.1.1 研究背景

国务院《关于进一步深化城镇住房制度改革加快住房建设的通知》这一文件的发布，意味着我国计划经济体制时代的福利分房政策从 1998 年正式被终止了。而这一政策的出台，也使得住房市场的改革得以正式启动。自此之后，住房的分配方式从行政分配变成了市场购买，也改变了以往我国居民在住房分配中"等、要、靠"的心理。购房者可以根据自己的需求到住房市场中购买，这也极大地激发了我国居民的购房需求。在购房者迸发出巨大的购房需求面前，我国住房市场实现了飞跃式的发展。特别是最近 10 年来，城镇居民的住房取得了质和量的飞跃，居住条件也发生了翻天覆地的变化。

尽管我国的住房市场取得了长足和快速的发展，但是同样也存在着较多的问题。特别是住房市场发育仍不够完善，致使房价上涨速度远远超过了我国居民的收入上涨速度，再加上住房结构失衡，购房者所需的中低档住房和保障性住房供给过少，已经严重地损害了我国广大居民的住房福利。住房问题也因此成为中国政府和社会各界关注的热点问题。它不仅与所有的居民息息相关，也是经济发展的一个重要方面，如果发展得当可以拉动经济，如果发展过度将会成为悬挂在我国经济高速发展道路上的"达摩克利斯之剑"，严重地影响我国和谐社会的构建以及经济的可持续发展。特别是近几年来，由于住房市场中大量不规范的现象出现，广大购房者对其怨声载道，每年

"两会"上都有大量的针对住房问题的提案，希望政府能出台针对性政策来治理住房市场。而事实上，我国中央政府和地方政府一直在对住房市场进行多方面、多层次的治理，从2002年开始就出台了一系列的政策，如土地政策、货币政策、金融政策、税收政策等来规范住房市场的发育，并对住房市场进行干预，希望能使住房市场平稳发展，但是并未取得预期的效果。

1.1.2 问题的提出

1998年停止福利分房后，从2002年我国的房价开始快速上涨。这一现象引起了中央政府的高度重视，从2004年以来就开始对住房市场进行治理。尽管政府对住房市场进行了数轮调控，但是并未达到预期的效果，房价在调控中依旧一路上涨。住房市场的宏观调控甚至被媒体戏称为"空调"。如何有效地落实宏观调控并解决住房市场中的种种问题，已经成为我国学术界的一项重大课题。特别是2010年下半年我国又开始了新一轮的宏观调控，直到今天这轮宏观调控政策仍在延续和深化中。此次宏观调控思路与往年不同。以往的调控只是要求地方政府执行相关的调控政策，并没有对地方政府进行考核。现在中央政府将房价的涨幅和保障性住房的供给纳入了地方政府的政绩考核指标体系中，要求地方政府切实落实中央制定的政策。既然强调地方政府在住房市场中的主导作用，那么为何中央政府又无法完全控制地方政府，使之按照自己的意愿行使其职能？地方政府又缘何被看作是房价上涨的主要推手？地方政府为何不愿也不能对住房市场进行根治？在这一背景下，研究地方政府在住房市场中的行为理念及其方式，解释地方政府行为的制度根源及行为逻辑，有助于我们更好地剖析住房市场中所存在的问题，以及更加如何有效地对住房市场进行宏观调控提出相应的对策。

"碎片化"（Fragmentation）指向的是政府部门内部各类业务间分割、一级政府各部门间分割以及各地方政府间分割的状况。作为区域性的住房市场，地方政府如何治理住房市场无疑起着至关重要的作用。按照专业分工的原则，住房市场的治理涉及多个部门，因此，住房市场的有效治理需要这些部门的相互配合与协作以形成对住房市场治理的合力。但是这些部门结构之间更多的是独立化、分散化、分权化的组织模式，并没有一种稳定的模式和长效机制来保证部门间的合作与协调。实际上，住房市场中的地方政府治理行为呈现出"碎片化"的状态，导致了目前对住房市场治理的失效。因此如何来协调和整合这些部门间的治理行为成为我国地方政府面临的主要难题。但是目前学术界并没有过多地关注这一问题。整体性治理理论的发展始终和政府改革与公共问题治理等密切相关，该理论更加注重于政府内部机构和部门间的整体性运作。现有的研究无疑对解决我国住房市场治理的碎片化问题提供了可资借鉴的研究思路，但目前尚未有研究将其应用于我国的住房市场治理中。本书力图尝试破除目前地方政府在住房市场治理中所面临的困境，形成一种整体性的治理模式，最终实现对住房市场的有效治理，让住房市场确实起到对住房资源合理配置的效果，该政府负责的就回归政府，最终提高我国居民的住房福利。

1.1.3 研究意义

1. 有助于宏观调控的落实和住房市场的健康发展

目前，住房市场高烧不止，房价不断上涨，远远超过了购房者的支付能力。因此中央政府对住房市场进行了数轮调控，但是并未达到预期的效果，其关键在于地方政府是否愿意配合和执行中央政府的调控政策。而随着房价的不断攀升，中央政府将稳定房价上升到了政治高度，要求地方政府采取各种措施落实宏观调控政策，并加大了对地方政府在住房市场的考核力度。特别是党的十八大召开后，中央政府持续从严的宏观调控政策，并加大对地方政府的考核力度，这也提高了地方政府对住房市场治理的精度和准确度，通过政府这只有形之手来干预住房市场这只无形之手。因此，地方政府需要重新检视自己的行为，根据新宏观调控的要求从理论上对住房市场作出相应的调整。只有地方政府配合中央政府的宏观调控，将之落实到实处，才能让住房市场健康发展。

2. 有助于保障性住房建设的完成

加大保障性住房的建设是2008年中央政府宏观调控提出的，这也标志着我国对住房市场调控思路的转变，转变以往严重依赖商品房的模式，改为"商品房加保障性住房"两条腿走路的方式。住房市场作为我国经济的重要组成部分，对我国各地方的经济发展和GDP增长起到了直接的拉动作用。但是保障性住房供给中的土地和资金从何而来，对于西部很多经济欠发达的省份，乃至东部和中部部分城市也是个难题。而保障性住房的供给目前已经上升到政治层面，中央政府将这项指标纳入了对地方政府绩效考核体系内，乃至成为硬性的考核指标。对地方政府而言，这又是一个不得不完成的政治任务。因此，通过该研究给地方政府提供具体的对策建议，保证保障性住房的数量和质量都能够按照原定计划供应。

3. 有利于服务型政府的建设

国务院前总理温家宝同志2003年9月在国家行政学院讲话时提出了我国政府当前的四项基本职能："经济调节、市场监管、社会管理和公共服务"[①]；2007年在党的十七大上又提出了将"建设服务型政府"作为我国政府改革的重要目标[②]。建设服务型政府已经成为地方政府的发展目标，各地方政府在行政体制和公共物品供给方面都作出了积极的改革。而住房则涉及公

---

① 参见温家宝总理2004年的《政府工作报告》和2003年9月在国家行政学院的讲话。
② 胡锦涛.高举中国特色社会主义伟大旗帜　为夺取全面建设小康社会新胜利而奋斗——在中国共产党第十七次全国代表大会上的报告（2007年10月15日）[M]．北京：人民出版社，2007：32.

民的居住权,是"衣食住行"必不可少的一部分。如何保障公民的居住权,使其安居乐业,这也是建设服务型政府的重要内容。由于思想认识上的误区,地方政府更多地将住房看作消费品和投资品,致使低收入家庭的住房权得不到应有的保障。要实现服务型政府,地方政府必须要改变其执政理念,将公民的住房权纳入政府的职责。否则,服务型政府的建设也无从谈起。

4. 有利于深化地方政府的行政体制改革

我国已经对政府行政体制开展了六轮改革,特别是十七大提出了以大部制为目标的改革,如今已经提上了议程。在住房市场治理中,我国政府对住房市场的治理涉及数十个部门,但是各部门间有着不同的目标和利益取向,如何构建出一套长效机制让这些部门能够成为一个有机整体,使之相互合作,进而达成住房市场的有效治理,是我们急需破解的难题。而整体性治理涉及各个部门之间的整合和协作,通过构建各部门主体在治理住房市场中的协作机制,不仅可以实现政府部门间,以及政府部门和其他社会主体间的合作,同样也可以探索我国地方政府行政体制改革的路径,有利于地方政府的行政体制改革。

1.2 国内外研究现状

1.2.1 国外研究现状

房地产市场在国外发育得比较早,因此国外学者对房地产经济的研究也比较早,主要集中在土地经济学和城市经济学两大领域。他们不仅从理论上研究了政府为什么干预住房市场、如何干预住房市场,而且对于我国的住房市场制度改革也进行了大量的研究。

首先,国外学者对政府如何干预房地产市场进行了相关研究。Harshman

和 Quigley（1991）提出，任何国家，不论是发达国家还是发展中国，每个国家都会存在着不同程度的住房问题，而且都会根据本国的情况采用各种各样的住房政策，来控制、调整和补贴房屋的生产、消费、融资和分配。[1]Grigsby（1997）总结了政府必须介入房地产市场的几大理由：解决房地产市场的低效率或者无效率问题；促进房地产市场的规模经济；减少房地产市场的外部性；保证不同消费层次基本的住房消费；提供房地产市场无法提供或者不愿提供，但是在住房消费中又必不可少的基础设施；促使住房财富和所得的再分配；建立住房市场最基本的市场运作规则。[2]Burns 和 Grebler（1977）提出了住房干预理论，从经济学的公共物品理论、分配理论和市场不完善等方面出发，来论证政府干预的好处。[3] 也有的学者提出了不同的意见，认为政府对房地产市场进行干预并不能解决问题，反而会加剧这一问题的严重程度。Malpass 和 Murie（1999）就认为政府干预是住房问题产生的原因而并非解决办法。[4]Hayek（1997）也认为，公共住房或者住房补贴最多只能作为解决低收入阶层的手段，但是这会导致这一群体没有独立性，反而会依附于权力当局。当低收入阶层的人口过多时，这又会导致极为严重的政治问题。[5]Friedman 和 Stigler（2000）提出了更为尖锐的批评。他们以旧金山为例，分析了政府在住房短缺时的分配办法，无论是按价格还是租金管制，都导致了住房短缺的恶化，并造成了未来房地产市场的萧条。[6]Turner 和 Malpezzi（2003）指出，政府干预房地产市场的方式可以包括产权、合约的制

---

[1] Harshman B, Quigley J. Housing Markets and Housing Institutions in a Comparative Context[C]// Harsman and Quigley. Housing Markets and Housing Institutions: An International Comparison. Kluwer Academic Publisher, 1991.
[2] Grigsby. Re-thinking Housing and Community Development Policy[M]. Pennsylvania Press, 1991.
[3] Burns L, Grebler L. The Housing of Nations: Analysis and Policy in a Comparative Framework[M]. London: Palgrave Macmillan Press, 1977.
[4] Malpass P, Murie A. Housing Policy and Practice[M]. 5th ed. Macmillan, 1999.
[5] Friedrich Hayek. The Constitution of Liberty[M]. The Definitive Edition, 1997.
[6] Friedman & Stigler. Is a roof or ceiling?[M]. The Oxford Handbook of Adam Smith, Oxford University Press, 2003.

定和执行、征税、补贴、直接供给和规制。①Rosen(2005)分析了美国的住房市场中的政府干预,它受到了各级政府大量、无处不在的干预,如制定了大量的住房法规;土地的用途管制;严禁住房销售的歧视的开放性居住法;租金管制;银行利率的管制;土地征用;"贫民窟"的改造;不动产保有过程中的征税;住房贷款的信贷管制;等等。②Maclennan(2009)③、Huang(2012)④、Ihlanfeldt(2014)⑤在此基础上分析了房地产市场由于政府的政策而可能导致的影响,认为政府的行为是改善住房市场的运行不可或缺的补充。如果没有政府的引导,住房市场不可能有效运行,两者互为补充。但是前提是政府的干预必须建立在对住房市场存在的问题有清晰的认识以及在不同的情况下运用合适的干预方式的基础上。只有这样,政府干预才能发挥其应有的作用。

其次,国外学者对我国住房政策和住房制度进行了大量的研究。Shaw (1997)认为,国家供应住房的制度导致了中国城市居民住房面临许多问题,如房屋匮乏、居住面积小、房屋质量差、缺乏维护等。尽管中国政府在20世纪70年代末进行了住房制度改革,但是进展缓慢,效果并不理想。⑥Davis(2001)考察了住房制度改革过程中不同群体所受到的不同待遇。改革并未消除不同群体之间在住房利益方面的差别,住房分配的不公反而变得更严重了。⑦在这种情

---

① Turner B, Malpezzi S. A Review of Empirical Evidence on the Costs and Benefits of Rent Control[M]. Swedish Economic Policy Review, 2003(10):11-56.
② Rossen. Countermeasures fo Housing Subsidies for Housing, the Influence of Efficiency and Fairness[C]. in Aurbach and Feldstein, Handbook of Public Economics[M]. North-Holland Press, 1986
③ Maclennand. Housing Economics:An Applied Approach[M]. Harlow:Longman, 2009.
④ Huang Y, William A V C. Housing Tenure Choice in Transitional Urban China:A Multilevel Analysis[J]. Urban Studies, 2012 (1):7-32.
⑤ Ihlanfeldt. Housing Bubbles and Busts:The Role of Supply Elasticity[J]. Land Economics, 2014, 90(1), 79-99.
⑥ Shaw V N. Urban Housing Reform in China[J]. Habitat International, 1997, 21(2):199-212.
⑦ Davis D. The Non-economic Consequences of Chinese Urban Housing Reforms. Paper presented at the International Conference:Managing Housing and Socail Change:Building Social Cohesion, accommodating diversity. Center for Comparative Public Management and Socail Policy of City University of Hong Kong, April 16-18, 2001.

况下，中国开始了住房市场化的改革，Bengtsson（2001）[1]、Lund（2006）[2]和Zhu Y（2009）[3]对我国市场经济条件下新住房制度建立的关键问题及政府作用进行了研究，认为中国政府要想解决住房问题，就应该完全开放房地产市场，而不是让房地产企业成为住房市场供给的唯一主体，要减少各种对私人部门建房的障碍。Chung（2007）[4]、Glaeser和Kahn（2012）[5]则认为通过提高收入对低收入家庭提供住房效果更好。Wang Y（2004）[6]、Milligan（2007）[7]对中国目前的住房制度进一步作出了分析，认为现有住房政策只是覆盖了城市贫困人群，而进入城市的农民工未被考虑进来。Lee（2008）[8]、Lai（2010）[9]则警告说，如果不能解决这一问题，中国可能会出现社会动荡。

最后，住房市场改革后大量的学者从不同的角度对我国的住房市场展开了研究。Davis（2003）[10]、Ritakallio（2007）[11]、Chow（2010）[12]等从经济学角度主要研究房租、房价是否在中国居民的承受范围内，房地产业对中国经济

---

[1] Bengtsson B. Housing as a Social Right: Implications for Welfare State Theory[J]. Scandinavian Political Studies, 2001(4):255-275.

[2] Lund B. Understanding Housing Policy Approaches[M]. The Policy Press, 2006.

[3] Zhu Y. Struggling among Economic Efficiency, Social Equality and Social Stability: Housing Monetarization Reform in China[M]. In Mok K. H. & Forrest R. Eds. Changing Governance and Public Policy in East Asia, 2009:253-284.

[4] Chung J H. The Politics of Policy Implementation in Post-Mao China: Central Control and Provincial Autonomy under Decentralization. Oxford: Oxford University Press, 2007.

[5] Edward L Glaeser, Matthew E Kahn: Jordan Rappaport (April 2000). "Why Do the Poor Live in Cities?". National Bureau of Economic Research (NBER). Working Papers (Cambridge, MA) (7636). Retrieved June 28, 2012.

[6] Wang Y. Urban Poverty, Housing and Social Change in China[M]. London: Routledge, 2004.

[7] Milligan V. 21st Century Housing Policy Approaches: Insights from Abroad, Ahuri, Melbourne, 19 April, 2007.

[8] Lee J. From Welfare Housing to Home Ownership: the Dilemma of China's Housing Reform[J]. Housing Studies, 2000, 15(1):61-76.

[9] Lai. Governance and the Housing Question in a Transitional Economy, the Political Economy of Housing Policy in China Reconsidered[J]. Habitat International, 2010, 22(3):231-243.

[10] Davis D. From Welfare Benefit to Capitalized Asset: the Re-commodification of Residential Space in Uuban China[M]. London, New York: Routledge, 2003:183-198.

[11] Ritakallio V M. The Importance of Housing Costs in Cross-national Comparisons of Welfare (State) Outcomes[J]. International Social Security Review, 2007(2):81-101.

[12] Chow G C. China's economic reform and policies at the beginning of the twenty-first century[J]. China Economic Review, 2011(4):427-431.

的影响,居民是否负担得起住房,以及住房情况如何,住房一级市场和二级市场的流动性等问题;Rosen(2005)、Kamin(2011)[1]等从政治学角度关注中国住房政策的制定过程、执行过程,关注影响住房政策的种种力量之间的相互博弈对住房市场的影响,认为住房政策过程中更多地受到了外部环境的影响,在这其中政治的因素考虑得过少,经济的原因成了制定政策的主要出发点;Logan(2006)[2]、Lai(2010)[3]等从社会学角度关注住房政策改革前后对不同社会阶层的影响,以及引发的各种社会问题,认为住房改革并不应该纯粹地考虑经济问题,而应该是保证住房平等,让不同群体都能有合适的住房保障,这样社会才会稳定,各个群体都可以共同发展;Yeh(2007)[4]、Wang C(2011)[5]等从心理学角度主要关注居民满足住房需求的方式(租或购买)的行为及其心理动因和偏好等,研究了中国居民为什么热衷于购置房产,以及购置房产对其带来的心理效应;Allen 和 Robe(2005)、Ducaa(2010)等从地理学角度主要研究城市的扩张,以及房地产企业在空间上的分布和选址、住房的空间意义和政治等。

英国理论学家Perri(2002)[6]、Dunleavy(2006)[7]认为传统公共行政模式会导致"碎片化"现象,新公共管理改革加剧了这一倾向,整体性治理正是在批评和修正新公共管理的过程中发展出来的,可以有效地针对英国在改革过程中机构化措施导致的碎片化问题。这一理论提出后引起了越来越多学者的关

---

[1] Rosen K T. Increasin Home Ownership in Urban China: Notes on the Problem of Affordability[J]. Housing Studies, 2000(1):77-88.

[2] Logan J R, Bian Y, Bian F. Housing Inequality in Urban China in the 1990s[J]. International Journal of Urban and Regional Research, 1990(1):7-25.

[3] Lai. Governance and the Housing Question in a Transitional Economy, the Political Economy of Housing Policy in China Reconsidered[J]. Habitat International, 2010(3):231-243.

[4] Yeh E T. Forest Claims, Conflicts and Commodification: the Political Ecology of Tibetan Mushroom-harvesting Villages in Yunnan Province, China[J]. China Quarterly, 2007, (161):264-278.

[5] Wang C C, Chan A K, Chen, Z X. Segment intenders and non-intenders in china's property market: A hybrid approach[J]. Journal of Consumer Market, 2011(4):319-331.

[6] Perri Six. Towards Holistic Governance: The New Reform Agenda[M]. New York: Palgrave, 2002.

[7] Patrick Dunleavy. Digital Era Governance: IT Corporations, the state, and E-Government[M]. Oxford: Oxford Universtiy Press: 206.

注。Tom Lin(2002)在治理方式上提出一种"整合"的非技术依赖观点,强调在整体性治理框架中技术和社会两大部分相互作用的影响(Hof, 2002)[①],并在公共部门改革的研究中发现"超越部门和根植于更广泛的政治和行政结构政府"的有效性(Flingers, 2002)[②],Pollit(2006)[③]在此基础上提出了整体性治理两种不同的组织结构模式。同时,国外学者运用整体性治理的思想和理论对残疾儿童的救治(Russel, 2003)、对无家可归者的救助(Martin Roche, 2004)、高等教育(Enders, 2004)、爆炸事件的紧急救援(Lisa Paul, 2005)、南非的环境治理(Kotze, 2006)、公司治理(Kikbride, 2004; Young, 2008)[④]等多个领域的治理进行了实证研究,但是目前尚无学者将该理论运用到住房市场治理的研究中。这也将是本书的出发点和尝试解决的问题。

1.2.2 国内研究现状

随着住房市场改革的深化,住房市场所暴露的问题越来越多,国内学术界也开始对我国的住房市场开展了相关研究,特别是政府与住房市场两者间的关系。主要集中在以下几个方面:

1. 中央政府对房地产市场的宏观调控

自从2002年以来我国的房价一直在迅猛增长,中央政府为此也出台了一系列的宏观调控措施,学术界从理论上对如何对住房市场调控进行了探讨。段岩燕、曹振良(2005)提出,影响房价的两个关键因素是土地和金融。

---

① Tom Ling. Delivering joined-up governmentin the UK:Dimensions, Issues, and Problems[J]. Public Administration, 2002(4):638-639.
② Matthew Flingers. Governance in Whitehall[J]. Public Administration, 2002(1):51-75.
③ Christophe Pollit. Joined-up Government:A Survey[J]. Political Studies Review, 2003(1):34-39.
④ 相关的研究可参见如下文献:Philippa Russel. Access and Achievement or Social Exclusion? Are the Government'Polices Working for Disabled Children and Their Families? [J]. Children &Society Vol. 17, 2003; Martin Roche. Complicated Problems, Complicated Solutions? Homelessness and Joined up Policy Responses[J]. Social Policy & Public Administration, 2004(7):758-774; Lisa Paul. New Levels of Responsiveness-Joined up Government in Response to the Bali Bombings [J]. Austrian Journal of Public Administration, 2005(2):31-34.

我国在耕地严格保护的土地管理政策下，用于房地产开发的土地面积有限而缺乏供给弹性。调控房价就只能以金融政策为主，同时辅助以其他措施，防止房价过度上涨，从而防范房地产泡沫。[①] 尹伯成（2005）认为房价是由供给和需求结构来决定的。控制房价应该从这两方面入手。在住房供给上，应该增大土地供应力度、大力发展省地型住房。从住房需求来看，提高住房市场流转环节的税收抑制投机性购房、打击和规范住房市场的违法行为、加强住房的信贷管理，通过调节住房的供求关系来保持住房市场的稳定，从而使房价稳定。[②] 因此，住房市场调控的最终目标是稳定房价，在购房者的可支付能力范围内，并实现住宅产业的可持续发展。要实现这些目标，政府调控中应该运用土地政策、税收政策、信贷政策等来实现住房供需的平衡（白炜、谭庆华，2009）。[③] 刘秀光（2007）认为房地产价格坚挺是房地产的两个内在矛盾与房地产商的两个手段（税负转嫁和垄断定价）相结合的结果，将宏观政策与微观政策（经济管制）相配合，是解决房地产价格坚挺的一条途径。[④] 刘敬伟（2007）认为住房市场本身就是一个非均衡的市场，很难实现住房供需的均衡，这是由住房的特殊性质以及商品的独特属性决定的。房价不单是供求来决定的，政府这只有形之手也在发挥作用。通过制定相关政策来引导市场，改善住房的供给数量和结构，最终来影响购房者的预期。这样，市场机制和预期两者共同来决定房价。[⑤]

尽管国家高度重视宏观调控，不仅运用了经济手段如金融、税收政策进行调控，还使用了行政手段直接干预，但是效果并不理想。因此，我国学者

---

① 段岩燕，曹振良. 调控房地产价格的关键——土地和金融 [J]. 当代经济，2005（2）：57-59.
② 尹伯成. 论房市调控与发展 [J]. 经济经纬，2005（4）：54-56.
③ 白炜，谭庆华. 房地产业调控到底应该调控什么？——兼对房地产消费信贷政策的思考 [J]. 消费经济，2009（4）：59-62.
④ 刘秀光. 我国房地产的内在矛盾与价格坚挺——对我国房地产价格坚挺的一个分析框架 [J]. 学术问题研究，2007（1）：30-34.
⑤ 刘敬伟. 非均衡条件下房地产价格变化的主要因素及动力机制 [J]. 经济研究导刊，2007（6）：186-188.

也对此进行了研究。孔煜(2009)指出,我国虽然对住房市场进行了宏观调控,但是没有改善房地产市场的供需结构,目前需求过于旺盛,而供给总量却没有办法提升;各行各业对住房市场的预期认为房价会不断上涨,而地方政府对宏观调控执行并不到位,这些方面使得宏观调控落空了。为了改变这一局面,政府需要从以下方面入手:加大住房数量的供给来缓解供需矛盾,并且优化住房的供给结构,减少住房的开发成本来降低房价;改革金融制度增加住房的有效供给;增强政府政策的透明度,使购房者能大致了解住房市场的运行规律,改变他们对住房市场的预期;最后要将调控政策落到实处,这样才能抑制房价的快速上涨。① 廖俊平(2005)对我国的房地产宏观调控政策进行了评价,认为当前宏观调控政策之所以效果不佳,其原因在于政策执行不到位,并非是政策制定方面的原因。为此,要想调控房地产价格,就要走出这个误区,着重加大政策执行的力度,保证政策落到实处。同时应该更多地采用财政、货币政策等市场手段,而非行政手段。唯有如此,才能规范和引导市场。② 翟纯红等(2005)则持有不同的意见,认为我国政府的宏观调控政策取得了明显的效果,抑制了经济过热的势头,只是略有欠缺,具体表现在,房地产需求过旺而又不断抑制住房的供给,政策的目标和方向不明确等,这些方面思考不足导致了房地产业的发育不足及市场调控的效果不理想。他们通过实证研究提出了相应的对策建议,具体包括,中央应该完善金融市场,加强制度建设,防范政府在房地产市场里面的寻租和腐败等,来保证房地产宏观调控的进一步完善。③

中央政府在房地产调控中所运用到的政策手段,其中主要有土地政策、金融政策、财政政策和税收政策。刘江涛等(2009)认为地方政府在土地市

---

① 孔煜. 金融政策与房地产市场发展[J]. 经济论坛, 2009(1): 50-51.
② 廖俊平. 当前房价宏观调控的误区[J]. 城市开发, 2005(6): 45.
③ 翟纯红, 郝家龙. 房地产宏观调控政策的决策误区及其实证分析[J]. 山西高等学校社会科学学报, 2005(2): 34-36.

场中存在着规制强化与过剩供给,导致了土地价格偏离了正常水平。① 张娟锋和虞晓芬(2011)对土地储备制度实施前后的供给模式及其特点进行了细致研究,并从宏观层面和微观层面如何对房地产市场影响进行了探讨,认为宏观层面上土地供给规模、价格等方面,微观层面上土地出让区位、时机等方面都会影响房地产市场的供给数量和成本,最后从利用土地政策工具如何来稳定房地产市场提出了政策建议。② 唐旭君和姚林珍(2012)通过供求均衡模型分析了土地供给政策对住房市场的作用,主要是通过住房供给数量、土地价格水平和住房供给预期三种渠道影响住房市场。③

2. 住房市场中的地方政府行为

首先,对于土地市场中的政府行为,学者对地方政府的"土地财政"行为进行了批评。吴旬(2004)借助于公共选择理论,利用经济学中基本的供求分析方法分析了中国的土地市场,认为地方政府为了达到招商引资的目的,对土地供给的"价格战"导致了整体社会福利的降低,是政府失灵的一种表现。④ 操小娟(2004)对土地利益调整中的地方政府行为进行了分析,认为由于地方政府的介入,致使企业之间、行业之间、区域与区域、区域与国家之间的利益矛盾激化,因此需要对各个主体间的土地利益关系进行调整。⑤ 邓志峰(2009)借助经济人假设分析了地方政府表现出的房价助推行为是为了自身利益的最大化。⑥ 仇保兴(2010)也撰文分析了地方政府"土地财政"的利弊,认为土地的增值收益应归全民所有,同时土地出让方式应从"以价高者得"转变为综合评价、恢复征收"房产税",从而抑制房地产价格过快上

---

① 刘江涛等. 土地利用规制强化与供给过剩并存的解析及修正[J]. 经济体制改革,2009(3):38-43.
② 张娟锋,虞晓芬. 土地资源配置体制与供给模式对房地产市场影响的路径分析[J]. 中国软科学,2011(5):29-36.
③ 唐旭君,姚玲珍. 商品住房市场土地供给政策调控的传导机制分析[J]. 现代城市研究,2012(3):79-83.
④ 吴旬. 土地价格、地方政府竞争与政府失灵[J]. 中国土地科学,2004(2):10-14.
⑤ 操小娟. 土地利益调整中的地方政府行为分析[J]. 中国软科学,2004(5):11-15.
⑥ 邓志锋. 房价、地方政府与经济人行为逻辑[J]. 城市发展研究,2009(11):157-159.

涨。① 王芳芳、董骁（2010）则认为地方政府的"土地财政"是由于地方政府财政压力巨大，不得已而为之，而这种依靠持续开发土地的行为并不是一种可持续的发展模式。② 郑思齐、师展（2011）通过2003—2008年我国35个大中城市的数据进行了实证检验，认为凡是以地生财的地方政府，倾向于压低工业用途的地价来吸引投资，另一方面通过提高居住用地的价格来弥补工业用地的财政支出，导致居住用地价格不断上涨。但是从统计角度并不能直接反映出地价的上涨会传导到住房市场中。③ 万冬（2010）以上海为研究样本，分析地方政府房地产政策行为背后的原因，认为房地产占地方经济GDP的比重越大，政府越倾向于支持该产业的发展；但是当房价过高挤占购房者的住房福利时，地方政府会抑制房价上涨来保证购房者的利益。④ 王丽娟（2011）运用了空间滞后模型，对全国29个省级政府间以招标、拍卖和挂牌三种方式出让的土地收入进行了竞争效应验证。结果表明就土地出让收入竞争策略来看，全国范围和东部地区都存在显著的竞争效应，而就土地出让平均价格竞争策略而言，只有东部地区表现出显著竞争效应。而无论是在哪种竞争策略中，中西部地区的观测样本都没有体现出显著的竞争效应。⑤

其次，众多学者对地方政府在住房市场中的其他行为进行了研究。余凯（2007）认为我国的房地产市场有其自身的特殊之处，具有垄断结构的特性。并且地方政府、房地产商和商业银行三者形成了利益联盟，在房地产市场中共同推动房价上涨，各自获取了房地产市场中的经济利益，而购房者来承担了相应的成本。⑥ 张岑遥（2005）从原因、机制和效应等方面

---

① 仇保兴. 对地方政府"土地财政"的理性分析及兴利除弊之策[J]. 城市发展研究, 2010(4): 8-11.
② 王芳芳, 董骁. 地方政府的"土地财政"及其弊端[J]. 城市问题, 2010(2): 69-73.
③ 郑思齐, 师展. "土地财政"下的土地和住宅市场: 对地方政府行为的分析[J]. 广东社会科学, 2011(2): 5-10.
④ 万冬. 地方政府行为与房地产发展——基于上海市的实证研究[J]. 中南大学学报(社会科学版), 2010(1): 95-100.
⑤ 王丽娟. 我国地方政府财政支出竞争的异质性研究——基于空间计量的实证分析[J]. 财贸经济, 2011(9): 11-18.
⑥ 余凯. 我国寡头垄断下的房地产价格形成机制研究[J]. 城市发展研究, 2007(3): 63-71.

解释了地方政府为何要参与到房地产市场中来。地方政府参与到房地产市场中的原因是由于分税制和GDP考核的"双重压力"体制造成的，在这双重压力面前，地方政府通过土地政策、发展房地产市场，以及对房地产产业的介入等方法，来参与到房地产市场中，从而可以保证地方政府财政收入来源稳定，并且推动当地GDP的增长。[①] 徐江（2007）认为，城市房价飞涨正在演变成一个严重的社会经济问题，中央政府有必要对此实施严厉的市场调控政策。他运用委托代理理论和管制理论分析中央、地方政府和房地产商三者之间的博弈关系，并且重点研究了中央政府对地方政府监督的成本、地方政府为了规避中央政府的监督设租的概率，以及和房地产商合作所带来的收益。地方政府在这其中起着决定性的作用，会考虑到受惩罚的力度和所带来的利益两者间的风险。当收益大于风险时，地方政府和房地产商的合作往往会达成。因此，房地产企业价格合谋和地方政府设租的现象会在相当大的范围内长期存在，但这两者对于中央政府都是可控的。对此，文章建议中央政府在设计房地产宏观市场调控机制时，要加强对地方政府与房地产企业在房地产市场中合谋和设租的监管。[②] 俞露（2009）也认为地方政府在积极地推动房价上涨。之所以地方政府乐于看到当地的房价上涨，是因为地方政府在房地产市场中比较了其收益与成本，预期收益远大于预期成本，再加上地方政府作为中央政府的代理，行使城市土地所有者的角色，他要将自己的资产效益发挥到最大，也就乐于看到本地的房价上涨。要改变这种现状，就必须改变对地方政府的激励机制，让地方政府承担起应尽的责任，能够代表公共利益，只有这样房地产调控才能达到效果。[③] 邹琳华（2009）通过2004年到2006年的相关数据

---

① 张岑遥. 城市房地产价格中的地方政府因素：成因、机制和效应[J]. 中央财经大学学报，2005（10）：65-69.
② 徐江. 房地产宏观调控中的三方动态博弈问题[J]. 电子科技大学学报（社科版），2007（6）：18-21.
③ 俞露. 我国房地产市场中地方政府行为的经济学分析[J]. 东南大学学报（哲学社会科学版），2009（2）：17-23.

对政府干预和垄断房地产市场的效应进行了分析,结果显示管制和垄断导致了房地产平均开发成本上涨了94%,而且这种趋势还在不断上升中。各地的影响程度不完全一致,中东部的影响比西部不发达地区的要高,珠三角地区的影响在全国最高。为了降低房地产的开发成本最终实现房价的下降,就应该改善管制手段,保证房地产市场能够充分竞争。① 钱滔(2010)认为,在现有的激励条件下,地方政府通过土地储备和房地产市场以满足政府收入的快速增长,还可以推动区域经济发展。因此要想实现宏观调控,必须改革政府体制,增加和改善供给,制约房地产企业的不道德行为,还要打击房地产市场中官商勾结的行为。② 伍德业和刘红(2008)认为,地方政府的土地征购、出让定价和实物地租转嫁等行为在一定程度上造成了房地产市场机制中的价格机制的失灵,而地方政府应该作为市场失灵的补充,矫正住房市场,充分发挥房地产市场的资源配置作用。③ 杨帆和卢周来(2010)借助于"中国地方政府公司化"与"特殊利益政治"分析框架,建立了"特殊利益集团影响地方政府决策"的模型,从而揭示了房地产利益集团是如何来影响地方政府决策的。④ 王海鸿和李田(2010)通过房地产市场中的政企关系这一视角对我国地方政府进行分析,认为追求双向利益的政企关系是导致政府寻租的主流,政企关系的强弱与政府寻租的规模和强度有直接关系。⑤ 田莉(2008)借助于新制度经济学的分析框架,从土地产权的角度分析了政府行为对土地市场的影响,因而需要改革土地的产权制度。⑥ 崔光胜和莫光财(2008)以"经济人"为假设,对地方政府在房地产业中的有限理性行为进

---

① 邹琳华. 管制和垄断对房地产成本的影响估计 [J]. 统计研究, 2009(2): 8-14.
② 钱滔. 地方政府治理与房地产市场发展 [J]. 浙江社会科学, 2010(3): 7-10.
③ 伍德业, 刘红. 地方政府对房地产市场价格的影响研究 [J]. 经济纵横, 2008(10): 41-44.
④ 杨帆, 卢周来. 中国的"特殊利益集团"如何影响地方政府决策——以房地产利益集团为例 [J]. 管理世界, 2010(6): 65-73.
⑤ 王海鸿, 李田. 基于政企关系视角的房地产市场中政府寻租问题研究 [J]. 经济体制改革, 2010(2): 149-152.
⑥ 田莉. 房地产市场中的政府行为外部效应解析 [J]. 城市问题, 2008(7): 79-85.

行分析,认为这是导致房地产价格过快上涨的重要因素。①

再次,住房市场中地方政府和其他主体的博弈分析。何元斌(2006)运用博弈论的分析方法,针对房地产市场中的各主体,如开发商、地方政府和购房者之间如何开展博弈展开了分析,并提出了相应的对策。②刘雷(2008)则对房地产开发商和政府之间的博弈进行了分析。③杨智璇、班允浩(2009)对房地产市场中的政府管制进行了分析,认为地方政府和房地产商结成了"反管制联盟"对抗中央政府的政策执行。④肖教燎、毛燕玲(2010)分析了中央政府和地方政府在宏观调控中的土地政策传导过程,建立了基于中央政府土地调控偏好并满足地方政府正当利益诉求的优化模型,形成土地调控中对地方政府线性问责机制。⑤周建军、代支祥(2012)针对中央和地方政府在房地产市场中的博弈,建立了一个混合战略的纳什均衡博弈模型。⑥

国内学者关于整体性治理理论的研究起步较晚并且数量较少,多数学者主要是对这一新理论的诠释与解析(竺乾威,2008;张立荣等,2008;曾维和,2008;胡象明等,2010)⑦,也有少数学者在地方事务的治理研究中运用到整体性治理理论,如公共危机、教育等方面(刘超,2009;胡佳,2009;翁士

---

① 崔光胜,莫光财.房地产价格上涨中的地方政府有限理性行为分析[J].新视野,2008(1):47-49.
② 何元斌.开发商与地方政府、消费者在房地产市场中的博弈分析[J].北京工商大学学报(社会科学版),2006(3):98-102.
③ 刘雷.房地产开发商与政府之间的博弈分析[J].财经问题研究,2008(8):103-106.
④ 杨智璇,班允浩.基于两个联盟转换的房地产市场管制与反管制博弈分析[J].现代财经,2009(7):81-84.
⑤ 肖教燎,毛燕玲.土地宏观调控中地方政府问责机制的博弈分析[J].武汉大学学报(哲学社会科学版),2010(6):859-865.
⑥ 周建军,代支祥.论房地产市场调控中的中央与地方政府的博弈[J].财经理论与实践,2012(1):78-82.
⑦ 对于整体性治理的介绍可以参考如下文献:竺乾威.从新公共管理到整体性治理[J].中国行政管理,2008(10):52-58;张立荣等.当代西方"整体政府"公共服务模式及其借鉴[J].中国行政管理,2008(7):108-111;曾维和.西方"整体政府"改革:理论、实践及启示[J].公共管理学报,2008(4):62-69;胡象明,唐波勇.整体性治理:公共管理的新范式[J].华中师范大学学报(人文社会科学版),2010(1):11-15.

洪，2009；吴春梅等，2012；吕建华等，2012)[①]，但是目前尚无学者将这一理论运用到住房市场的治理中。

从以上的研究来看，对政府在住房市场的职能、中央政府和地方政府在住房市场中的博弈、地方政府在住房市场中的角色等方面展开了大量的研究，也取得了大量卓越的成果。但是从公共行政学的角度而言，以上的研究还存在着两点不足。首先，将地方政府看作一个整体，而忽视了地方政府是由不同的职能部门构成的。地方政府并非是铁板一块，不同的职能部门在住房市场中所表现的行为不同，表现出较大的差异性，而以往的研究忽视了这一点。其次，研究视角较多地是从经济学、管理学的角度进行研究，很少从公共行政学的视角来研究地方政府如何对住房市场进行治理。因此，这也是本书研究的出发点和预期要解决的问题。本书计划对这两个不足进行尝试性的研究，把地方政府在住房市场中的治理行为作为一个行为主体，但并不简单地将其抽象为单独的主体，而是意识到地方政府下面还有多个主体，用整体性治理的理论工具及框架来分析这一问题，以期能够解读出当前地方政府为何无法有效地治理住房市场的根源所在，为地方政府如何治理住房市场提出相应的政策建议。

1.3 研究方法及创新之处

1.3.1 研究方法

1. 文献法

文献法是对资料进行收集同时对这些资料进行分析。自从住房市场产

---

① 具体的研究可参见如下文献：刘超. 地方公共危机治理碎片化的整理——"整体性治理"的视角 [J]. 吉首大学学报（社会科学版），2009（2）：78-81；胡佳. 整体性治理：地方公共服务改革的新趋向 [J]. 国家行政学院学报，2009（3）：106-109；翁士洪. 整体性治理及其在非结构化社会问题方面的运用 [J]. 甘肃行政学院学报，2009（5）：71-79；吴春梅，谢迪. 村庄整体性治理视域下的权责碎片化整理研究 [J]. 农村经济，2012（5）：11-15；吕建华，高娜. 整体性治理对我国海洋环境管理体制改革的启示 [J]. 中国行政管理，2012（5）：19-22.

生以来,学术界对其开展了大量的研究,这也为本书的写作提供了丰富的素材。通过梳理文献可以了解我国住房市场发展的历程、住房制度改革的演变,对我国住房市场进行条理化、系统化和抽象化,为本书的写作打下基础。

2. 规范分析和实证分析

本书运用规范研究方法,分析整体性治理运用到住房市场中的本质,界定住房市场和政府行为的内涵,构建住房市场中的地方政府治理对策的思路,同时通过理论分析和实证分析结合的方法对地方政府在住房市场中治理的实践展开研究。

3. 系统分析方法

住房市场的治理是一个开放的系统,由多个要素构成,而且各个要素之间相互联系,相互影响。因此,对住房市场的政府治理结构的建立必须以系统理论为指导,综合地考察住房市场治理包括的诸多理论和现实问题。

4. 统计分析方法

住房市场的情况往往涉及多个方面,为了更好地描述房地产的经济现象,就需要以数据为基础,从各个方面来收集相关数据加以统计分析,揭示其背后的根源。主要来自于中国统计年鉴、国土资源统计年鉴和一些政府工作报告,具有一定的权威性和及时性。

5. 比较研究方法

整体性治理在西方国家已经展开了改革的实践,梳理他们在政府改革中的具体思路和方法,提取成功的工具。通过对这些国家改革实践的比较研究,为我国政府如何治理住房市场提供了相应的借鉴。

1.3.2 可能的创新之处

1. 研究视角的创新

随着我国市场化、分权化的住房体制改革不断深化，住房市场也暴露出越来越多的问题，而市场化、分权化恰恰是新公共管理运动的核心理念。因此与以往运用公共选择理论和经济学的相关理论研究不同，本书突破了以往仅仅将地方政府看作个体上的"经济人"的假设，从公共行政体制的视角对地方政府行为进行实证研究，使得解释更具有说服力。

2. 研究内容的创新

整体性治理是一种较新的理论，目前只是将其运用到公共危机、环境保护、性别失衡、教育等领域的治理研究。而将整体性治理理论运用到住房市场治理中，可以充实整体性治理的理论研究。本书通过构建一个整体性治理的分析框架，运用整体性治理理论对我国地方政府在住房市场中的行为进行了实证分析，分析了这些问题存在的内在机理，并从整体性治理的视角提出了相应的对策。

1.4 研究思路

本书的主要目的是为地方政府如何治理住房市场提供相应的对策建议。在第 1 章的绪论中，首先介绍了本书的研究背景并提出了需要解决的问题及其研究意义，然后梳理了国内外的相关研究现状，探讨了可能的创新之处及用到的研究方法。

第 2 章首先对问题中的相关概念进行了界定，然后对本研究的分析框架整体性治理的思想和行动进行了比较翔实的分析。整体性治理的主要内涵包括四个方面：目标是以问题为中心，提供无缝隙服务；实现政府与其他组织的跨界合作；仍然以官僚制作为组织设计的原则；强调组织间的整合、协调与整体运作。作为理论分析，在整体性治理的基础上提出了地方政府治理住房市场的行为框架。

第3章研究了我国住房市场中的地方政府行为变迁。在1949—1977年期间，政府对住房供给起着主导作用，生产、分配、流通、消费都是由地方政府在计划经济体制下完成的。随着我国市场经济的改革，地方政府在住房市场中的角色发生了改变，由以前住房市场中的全能角色转变成了住房市场的培育者和监管者、保障性住房的供给者。但是这种改革并没有解决计划经济体制下遗留下来的问题，反而致使住房差距越来越大，同时政府原来承担保障性住房供给的职能也被弱化了。其次分析了住房制度改革后住房市场中的弊端，主要表现在这几个方面：住房价格过高，住房市场的垄断结构，住房市场的产品结构不合理，住房市场中信息混乱，住房市场中的违法行为屡禁不绝。

第4章对地方政府对住房市场的治理行为中存在的问题进行了分析，主要表现在以下几个方面：治理主体的合作不足，地方政府与公民社会有选择性协作，治理决策机制不完善，治理运行机制不健全，治理评估和监督机制空缺化，以及治理效果不佳。碎片化的住房治理格局妨碍了政府部门之间、政府部门与公民社会间的合作，加大了住房市场治理的成本投入，降低了住房市场治理的效率。

第5章主要对北京市政府如何调控住房市场的政府行为进行了个案分析。首先对北京市出台的一系列调控政策进行了梳理，在此基础上从治理主体、公民社会的协作、政策制定、政策运行和政策评估监控几个方面进行了实证研究。

第6章指出，随着整体性治理理论的提出，美国、英国、澳大利亚等国家将这一理论应用于本国的政府改革实践中，但不同国家的改革实践并不相同,而是各有侧重。通过西方国家改革实践的提炼,找出对我国住房市场治理的借鉴经验。

在前述研究的基础上,第 7 章首先构建了住房市场治理主体间的整体性组织结构,并需要学会和非营利住房组织的协作治理,同时优化住房市场治理的决策机制,畅通住房市场治理的运行机制,最后完善住房市场治理的评估和监督机制。

第 2 章 研究的理论基础及分析框架

整体性治理理论是 20 世纪 90 年代西方国家为了推动政府改革提出来的，他们强调政府间的协同治理、信息技术的运用，并且制订了一系列的计划。新西兰、澳大利亚、美国与加拿大等发达国家也进行了"整体政府"的实践与探索。现阶段，整体政府已经是现代西方国家改革的新动态、新趋势，而学术界也对此种现象进行了总结。如何来构建住房市场的整体性治理框架则是本章需要着重予以解决的。

2.1 相关概念界定

2.1.1 住房市场

房地产是指土地、建筑物及固着在土地、建筑物上不可分离的部分及其附带的各种权益。房地产按照用途可划分为居住房地产、商业房地产、办公房地产、旅游房地产、餐饮房地产、娱乐房地产、工业和仓储房地产、农业房地产、特殊用途房地产和综合房地产 10 种。[1] 房地产不仅包括作为居民个人消费资料的住宅，还包括作为生产资料的厂房、办公楼等。根据这一解释，住房只是房地产的一种。但是目前，学术界、行政部门以及房地产企业都习惯于用"房地产"一词来替代"住房"这一词语，如政府部门制定的宏观调控政策尽管主要是针对住房产品，但相关文件基本上都是以"房地产市场"作为主题。本书的主要研究对象是针对居住用途的住房，其他用途的房地产并不涉及。因此，为了让相关的概念更多地体现和强调居住用途的住房，以

---

[1] 中国房地产估价师学会. 房地产估价理论与方法 [M]. 北京：中国物价出版社，2001：27-28.

区别其他用途的房地产，在本书中使用"住房市场"，而不是"房地产市场"。

住房是供人类生活居住的空间或场所，为人们提供了遮风挡雨、休养生息、繁衍后代的空间，是人类赖以生存发展的最基本的物质资料，属于不动产。《现代汉语词典》的解释是，"住房是指供人居住的房屋"。正是因为住房是我们衣食住行的基本生活品，1991年，张金鹗提出，由于个人的欲望满足度存在差异，"住房"的内涵、意义也就不同，政治、社会、建筑等领域解释住房差异也存在不同。张金鹗提出"住房"作为遮蔽、庇护区域，属于私密独立空间，需配套邻里设施，作为社会地位、经济地位、投资财富的象征，呈现消费品、异质性、投资品、长久性等特点。[①]

同时，"住房"呈双重性特点，首先是基本属性——生活品，"住房"是人们的栖息场所，人们应该享有住房权利。50多年前，联合国大会《世界人权宣言》明确提出，每个人享受基本社会服务，主要包含健康、医疗、住房、食物等。处于不可控因素下，如衰老、疾病、失业等，丧失了谋生工具与谋生能力，享受一定基本保障权利。[②]《经济、社会及文化权利国际公约》中明确规定，世界各国承认每个人享受自身、家庭的同等生活水准，并逐渐改善生活条件。同时，住房权利具有法律保障，获得基础设施、基础服务与基础设备，呈易接近性、居住性等特点。[③] 第二是住房的商品属性。住房作为市场经济中一种重要的商品，不仅是每个家庭最重要和价值最高的资产，也是每个国家的主要财富。在房地产经济学中更是明确指出了可投资性、保值增值性是住房的主要特性之一。在我国住房市场化后，住房的商品属性不断地突显出来，特别是随着房价的一路上涨，人们逐渐地改变了对这种产品的认识，政府也更多地把住房当作是一种商品，住房的稀缺性、投资性和保值增值性不断地得到强化，反而住房的基本生活品属性被忽略了。

我国的住房制度分为城市和农村两种不同的制度体系。本书的研究主要是针对城市居民的住房和住房制度。住房产品形成的市场，并不涉及商业性

---

① 张金鹗. 台湾地区住宅政策纲领与实施方向[J]. 都市与计划，1990(17).
② 世界人权宣言，http://www.un.org/chinese/work/rights.htm.
③ The Right to Adequate Housing [Art. 11(1)]. 13/12/91. CESCR General comment 4.

及其他用途的房地产产品。按照物品属性的不同，城市的住房大致可分为商品性住房和保障性住房，其中商品性住房包括普通商品房、高档商品房、别墅，保障性住房包括自住型商品房、限价商品房、经济适用房、廉租房和公租房。因此，本书对住房市场的简单界定为：是指针对城市居住用途的住房产品进行买卖、租赁、抵押等交易活动的场所或领域。

2.1.2 地方政府

政府一词来源于希腊语，本意是指掌舵，这是人们最初对政府形象的社会定位。按照管理层级区分，政府可以简单地分为中央政府和地方政府。布坎南（1949）将政府既看作是以集体方式行为的个体成员的总和，也看作可以包括所有个体在内的单一的有机整体。① 按照管理的层级，政府可以分为中央政府和地方政府。

对地方政府概念的界定，学术界主要存在两种观点。一种观点认为，地方政府作为基层政府，属于中央政府的基层分支机构，属于公众性政府，有权管理、决定特定区域的公众政治。中央政府属于政府体系的最高级政府，地方政府属于最低级政府，中间层级属于中间政府。② 另一种观点则笼统地将地方政府视为中央政府的分支机构或除中央政府以外的各级政府。如《现代汉语大词典》中就将其定义为"负责地方行政管理的国家机关"。③ 维基百科中对"地方政府"的定义是：指管理一个国家行政区事务的政府组织的总称，意指地方或地区行政机关，通常对应于中央政府（在联邦制国家，即称"联邦政府"）的称谓，汉语简称"地方"。有时也称之为地方政权，地方政权不属中央政府管辖，或不直接由中央管辖。《美国百科全书》中认为"处于单一制国家，地方政府作为中央政府的最低分支。处于联邦制国家，地方政府

---

① Buchanan. The Pure Theory of Government Finance: A Suggested Approach[J]. The Journal of Pllitical Economy, 1949(57): 496-505.
② 薄贵利. 近现代地方政府比较[M]. 北京：光明日报出版社，1998：1.
③ 《现代汉语大词典》编纂委员会. 现代汉语大词典[M]. 上海：汉语大词典出版社，2006：716.

属于成员政府分支"。①

本书中所指的地方政府属于后一种，指中央政府之下的各层级政府。根据该标准，我国政府主要以中央政府形式、地方政府形式构成中国政府体系。对于中国政府来说，可将地方政府划分为四级层级，具体包括：省级政府，如省、直辖市、自治区、特别行政区；地级政府，如地级市、地区、自治州、盟；县级政府，如市辖区、县级市、县、自治县、旗等；乡镇政府，如乡、民族乡、镇等。其中地方政府管理权限、范围、职能均区别于中央政府，地方政府主要是管理辖区内的地方行政事务，管理范围也只涉及本行政区域。同时，本书对于隶属于省级政府、市级政府和县级政府的事业单位与职能单位，并未给予区别，而是将地方政府下所属的整体系统作为统一的行为主体来对待。本书中所涉及的地方政府是一个广泛意义上的概念，是相对于中央政府的抽象化、统一化的行为主体。

2.1.3 政府行为

政府行为首先在经济学文献中出现，特别是经济学尚未成为一门独立学科之前，政府在经济中的作用已经成为其辩论重点。早期的经济思想中，政府行为主要是指政府对市场的干预，并认为政府对经济干预是天经地义的事。经济学的鼻祖亚当·斯密在《国富论》中就是以此为基础展开论述的。

随着管理学理念逐渐推广，其中组织行为学不断发展，许多学术文献逐渐规范、运用"政府行为"一词，包含政府计划与组织、控制与执行的过程。

从法律层面上看，政府行为是指国家行政机关及其他行政主体在职权行使过程中所做的，可引起行政法律效果，即可视为"行为"，或国家机关按照法定行政职权，实施行政职责所呈现的管理过程。

对于政治学角度而言，政府为达到预期目标，运用各种手段，对社会、生

---

① 《美国百科全书》第17卷，第637页。

活、经济进行有意识的调节活动，即为政府行为。主要指政府、政府公职人员通过公共职权，使政府的公共管理职能得以充分发挥，与外界环境呈互相作用关系，管理社会公共事务，所实施的政府行为。

对于公共行政学而言，政府行为主要包含：其一，决策行为。为解决某项问题，设计多个计划与方案，从公平、公正角度，制定正确的政策方案，有效支持政策活动所产生的政府行为。其二，执行行为。政府执行某项政策所产生的行为，无论执行结果怎样，为政策制定提供有效信息与依据。其三，评估行为。对政策结果进行分析，不仅评定事实结果，更核心、更关键是衡量主体的满意程度，进而产生一种新价值。其四，沟通行为。沟通行为作为政府行为的关键部分，缓解政府部门内部、政府同民众的冲突与误解，进而提升政府内聚力、民众满意度，促进政府行为目标能够顺利完成。其五，协调行为。作为政府行为的主要内容，主要协调各方利益、发展目标与发展步调。

本书提到的政府行为主要是指地方政府对住房市场的治理行为。其中包括：住房市场中的政府决策行为，住房市场中的政府执行行为，住房市场中的政府评估、监督和反馈行为，住房市场中的政府沟通和协调行为。

2.2 整体性治理理论的主要内涵

整体性治理主要指公众需求导向，强调协调与整合机制，通过信息技术，实现碎片化功能、层级、公私关系的治理，有机整合信息系统，从分散走向集中，从部分走向整体，从破碎走向整合，[①]为公民提供无缝隙而非分离的整体型服务的政府治理图式。与竞争性治理重视经济效率和企业绩效观点及一般性治理理论所强调的社会网络和协力效能理念所不同，整体性治理特别着力于政府组织体系整体运作的整合性与协调性，[②]并强调信任是"整体性治理所

---

① 竺乾威. 从新公共管理到整体性治理 [J]. 中国行政管理, 2008, (10): 52-58.
② 廖俊松. 全观型治理：一个待检证的未来命题 [J]. 台湾民主季刊, 2006, (3). 转引自曾凡军. 论整体性治理的深层内核与碎片化问题的解决之道 [J]. 学术论坛, 2010 (10): 32-36.

需的关键性整合"及"整体性治理最重要的是责任感"。①

2.2.1 目标是以问题为中心，提供无缝隙服务

通过整体性治理，为社会提供更好的社会效果与有效性服务，降低社会成本。②根据 Peter J. Laugharne 的观点，整体性治理实现复杂化、分散化的治理，为政府各层级、各机构实现共同目标，为公众提供更为高效、质量化的服务。③

根据波利特的观点，其一，解决不同政策矛盾，直接提升政策效率；其二，解决不同项目矛盾，提高稀缺资源的重复利用率；其三，为政策部门的不同人员，提供交流观点、合作意见的平台，形成协同、增强作用，提供最佳方法；其四，站在公众视角，提供无缝隙、整体性的公共行政服务。④

根据希克斯等学者的观点，强调整体性治理，整合政策与组织、机构与顾客等四个层级的目标。整体性运作属于正式、中心目标，一切以公众需求为基础，改进公共服务结构，为实现这一目标，必须实现过程整合。最低目标是有效结合一切输入活动。具体如表 2-1 所示：

表 2-1 整体性治理模式的组织目标

层次目标	输入	转换能力	输出	结果
政策	连续性政策	政策管理最高化	服务供给治理升级	更有效的治疗、舒缓或预防，对顾客更多地控制
顾客	倡导公众提出看法，提升公众参与度	顾客接受服务的多样化	提供全面的、更容易得到的服务	更多的公共合法性，社区建设

---

① Perri Six Towards Holistic Governance: The New Reform Agenda[M]. New York: Palgrave, 2002: 241.
② Perri Six Towards Holistic Governance: The New Reform Agenda[M]. New York: Palgrave, 2002: 242.
③ Peter J Laugharne. Towards Holistic Governance (Book Review): Democratization, 2004: 165.
④ Christopher Pollit. Joined-up Government: a Survey[J]. Political Studies Review. Vol. 1, 2003: 34-39.

(续表)

层次目标	输入	转换能力	输出	结果
组织	降低冲突，防止重复，加强风险管理，促进知识最大化	成本效益	控制输出活动	
结构	投资平衡、资源平衡	转移行政控制	更多控制相关机构的输出	

随着矛盾问题逐渐增多，分散化的政府部门治理产生了碎片化，跨界合作是政府发展的必然趋势。佩里·希克斯把政府治理划分为五种政府形态，单纯跨界联合并不能一定实现整体性治理，必须辩证看待政府管理形态，是否属于整体性政府，仔细考虑目标、手段，通过维持两者的关系，通过组织机构方法与政策目标，实现互相增益。

2.2.2 着眼于政府与社会各类组织的跨界合作

整体性治理主要包含三种假设：其一，政府机构解决民众担忧的问题，如文化、能力、结构等问题，并非有效管理趋向，许多关键结果均属于许多政府部门、政府机构与专业支持的产物，由于许多问题呈现"跨部门"的特点，如单纯依靠一个机构，不能解决该类问题；其二，公众需要解决合作问题时，政府并未完全按照其功能，解决相应问题；其三，为解决这些难点，各公共部门、层级部门、专业部门的整合十分必要，某些单一性问题，仍需整体性解决。①

Wilkins则认为，组织分化的回应必须建立于顶层支配的实践、结构，以政府性报告、整体性计划进行安排，为公众提供一站式服务。把联邦政府、州政府、地方政府与非政府人员，共同纳入同一组织，实现政府的创新与协同，考虑各组织的多种伙伴关系。②

---

① 竺乾威. 公共行政理论 [M]. 上海：复旦大学出版社，2008：459.
② Peter Wilkins. Accountability and Joined Government [J]. Austrian Journal of Public Administration. 2002(10)：61.

希克斯也提出，整体性治理必须重点着眼于各组织部门的功能整合，有机结合政府纵向层级结构与横向部门机构，提倡公私协调合作，进而消除结构不良问题。

2.2.3 强调官僚制组织结构基础

官僚制组织以人为主题，认为人与人的关系构成了组织。公共组织目标是协调、平衡人与人的利益与权利，需依靠一定组织基础，对价值分配提供支撑性保障和权威性保障。随着新公共管理逐渐呈现出的碎片化管理，反对的声音越来越多，进而催生了政府治理的组织结构为官僚机制的结构基础，其中政府行动基础是权力。[1] 根据库珀的观点，权力属于原始政治权力的行动基础，由权力转向合同，不代表政府部门结束，反而促进了政府部门转型。[2] 通过合同决定政治方式，实现目的性拨款，对合同运作进行监督，实现问责技术的等级权威性、垂直化发展。戈德·史密斯的看法是，政府组织、人事制度与管理机制的等级政府，是网络化治理的主要障碍。[3] 邓利维则认为，在数字时代下政府治理必须以官僚制作为前提，官僚作为数字时代治理的组织介质，与一些对官僚制的批评比如比较有名的新公共服务有了一个重要的区别。[4]

无论是邓利维在阐述数字时代的治理时对信息技术运作的官僚制组织的强调，还是奥斯本以"市场化"为背景，为推行新公共管理改革，必须打破传统的官僚制，掏空公共部门的人员和能力的努力是不同的。官僚制看来至少到现在为止还是一个绕不过去的坎，作为一种组织形态，官僚制的一些基本特征还会存在，因为它代表着高度的理性，而理性在任何社会都是需要

---

[1] 菲利普·库珀. 合同制治理 [M]. 竺乾威，等译. 上海：复旦大学出版社，2007：51.
[2] 菲利普·库珀. 合同制治理 [M]. 竺乾威，等译. 上海：复旦大学出版社，2007：13.
[3] 斯蒂芬·戈德史密斯，等. 网络化治理 [M]. 孙迎春，译. 北京：北京大学出版社，2008：19.
[4] 竺乾威. 公共行政理论 [M]. 上海：复旦大学出版社，2008：495.

的。因此，至少在可以预见的将来，作为官僚制核心的等级会继续存在，只是多少而已。因为等级意味着中心，无论是在一个怎样多元化的社会里，一个社会不可能想象没有一个中心。而在现代社会，这一中心职能是作为公共权威的政府，尽管这一权威发挥其作用的方式可能会改变。①此外，作为官僚制重要特征的专业化运作也会存在。社会发展带来的是更多的专业化，因而专业人员的作用不是在消弱，而是在得到强化。②因此，在整体性治理的理论主张中，它们不是要与官僚制决裂，而是要"复归"官僚的原初形态，即官僚制表现为一种高度理性的形态。然而，要使官僚制呈现出这种高度理性的形态，问题的关键就在于如何维持官僚的自主与社会和政治对其控制之间的平衡。因为，一旦这种平衡被打破，就会出现因为官僚自身权力的扩张或弱化而导致的官僚化或去官僚化倾向，而这两种情况显然是人们力图避免的。事实上，这种平衡是很难维持的，即使达到了平衡，也只是暂时的，因为官僚制有着先天的缺陷，而外界的环境又在时刻发生着变化。正因为如此，类似新公共管理之类的改革，以及对这些改革的改革如整体性治理也成了题中应有之义。或许可以认为，正是官僚制这种内在的张力在一定意义上赋予了官僚制生命力。

2.2.4 重视整合、协调与整体运作

整合作为"联合"的组织功能合作、协调的产物，集中体现了整体性政府的基本内涵与组织创新性。根据 Perri Six 等学者的观点，立足结构导向角度，认为整体性政府主要包含政策与组织、机构与顾客的整合目标与运作机制，加强整体性治理，其核心机制在于协调、整合，政府常见性行政手段就是协调，通过激励机制、诱导机制，促进部门与单位、任务组织与专业结构等，

---

① 竺乾威. 官僚化、去官僚化及其平衡 [J]. 中国行政管理, 2010(4): 47.
② 竺乾威. 官僚化、去官僚化及其平衡 [J]. 中国行政管理, 2010(4): 47.

不越级互相工作基层。[①] 整合包含政策、组织整合,依靠激励机制、权威结构、文化特征,有效结合政策与各类组织,打破组织界限,有效解决非结构化问题。邓利维提倡重新整合,希克斯提倡整体性治理,将之作为数字时代治理的首要组成部分。数字时代治理重视重新整合服务,提倡决策方式的协同性与整体性,促进电子行政运作,实现广泛数字化发展。[②]

在新公共管理时期,政府对社会事务的管理以部门功能为逻辑起点,有效地来管理各项社会公共事务。对于不同的社会问题,根据其性质属于某个部门,实现管理责任明确化。并假设全部社会问题,均可被结构化,在每个部门中予以解决,是政府管理的起点。但实际情况是,许多问题呈跨界限、跨领域与跨部门的特征,很难实现结构化。所以,对于某些问题,单一部门结构无法解决,必须通过全局统筹,制订整体性的解决计划与方案。[③] 例如,英国强调提倡基于需求导向的整体性主义,追求政府与顾客的关系简化、明了。通过数字化程序,利用政府内部组织、文化的变革,转变外部的社会活动行为,进而实现数字化程序。但是英国更为重视中央与地方之间的关系,提倡整合纵向与内部的联合。针对社会照顾服务,英国政府转变了传统资源导向、提供利益方的方式,提倡需求导向服务,以顾客为中心。整合作为"联合"的组织功能合作、协调的产物,集中体现了整体性政府的基本内涵与组织创新性[④]。

根据希克斯的观点,整体性治理强调政策与组织整合、机构与顾客的整合,提倡"输入"活动,可为结果提供整合支持。所以,在每个机制中,无须逐一寻找全部的关系要素。对于整合性策略、目标需求,可通过多个机制予

---

① Perri Six. Holistic Government[M], Demos:9 Bridewell Place, 1997.
② Patrick Dunleavy. Digital Era Governance:It Corporations, the State, and E-Government[M]. Oxford University Press, 2006:233.
③ Patrick Dunleavy. Digital Era Governance:It Corporations, the State, and E-Government[M]. Oxford University Press, 2006:237.
④ 曾维和. 整体政府——西方政府改革的新趋向[J]. 学术界,2008(3):290.

以实现。反之，一个机制可支持一个或者几个目标。通过设定目标，有效连接整合维度，确定恰当机制，实现功能整合，建立整体性治理的基本框架。[①]

为实现整体性治理，必须注重政府内部部门、机构的功能整合，有机结合纵向层级机构与横向部门机构，力图建立一个三维立体模型（如图2-1所示）：其一，整合治理层级，利用网络技术连接，采用数据保护协议，应对跨界的公共性议题；其二，整合治理功能，对整合功能进行模拟，实现相关功能部门的重合；其三，整合公私部门，公共部门、私人业主公司、志愿者团体可整合许多工作，进而促进公私互助发展。通过整合治理层级，实现高治理功能，促进公私部门整合，建立一个关于"整体性治理"的长方体。每一个棘手性、复杂性的公共问题，在该长方体内可确定位置，可置于多方参与、多种方式、多种时空结构，方可获取有效解决措施。

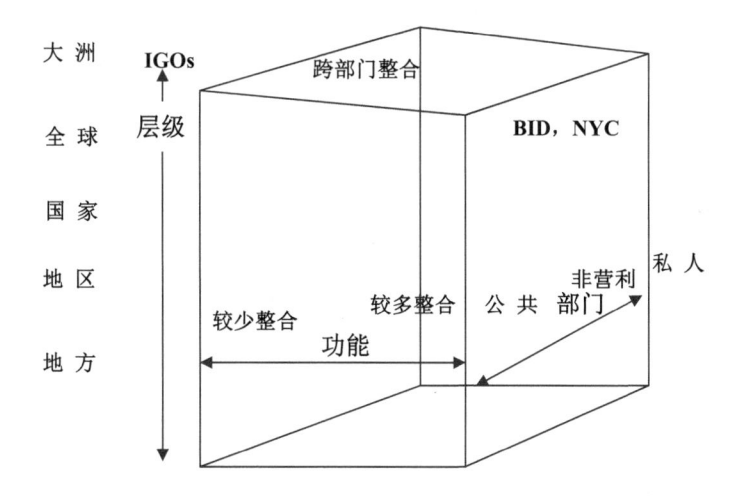

图 2-1 三维立体的整体性治理整合模型[②]

---

① Perri Six, Diana Leat, Kimberly Seltzer, Gery Stoker. Governing in the Round Strategies for Holistic Government [M]. Demos:The Mezzanine Elizabeth House, 2001.
② Perri Six, Dinna Leat, Kimberly Seltzer and Gerry Stoker. Towards Holistic Governance:The New Reform Agenda [M]. New York:Palgrave, 2002: 29.

2.3 整体性治理理论下的住房市场中政府行为的分析框架

"整体政府"是针对新公共管理改革导致的政府管理碎片化的弊端而出现的一种新的政府管理理论。整体政府理论认为传统管理存在转嫁问题、重复浪费、互相冲突、缺乏沟通、各自为政等缺点，导致公众无法得到服务，或对得到的服务感到困惑，他们常常不知道到哪里去获得恰当的服务。所有的这些问题必须通过协调、合作、整合或整体性运作进行解决。[①] 其基本逻辑，即公共政策目标的实现不能通过现存组织的分裂活动实现，也不能通过建立一个"超级管理机构"来实现，实现公共政策的目标关键是，在不消除组织边界本身的条件下跨过组织边界进行协同活动的"联合"工作。实现"联合"的关键就是，用不同的文化、动机、管理制度与目标相结合，形成工作联盟和伙伴关系，由公共组织、私人组织、志愿者组织等联合地完成工作任务。最后通过"整体政府"来实现整体性治理，"主张管理从分散走向集中，从部分走向整体，从破碎走向整合"。

因此，基于整体性治理的视野，地方政府对住房市场的治理也需要达到这一理想状况，从而实现住房市场的良好治理。本书在对住房市场中地方政府行为演变分析的基础上，引入了整体性治理理论，从公共行政的视角对我国的住房市场治理及其地方政府所制定的公共政策进行了研究，构建了住房市场治理的整体性治理框架（见图 2-2）。在整体治理框架中，首先地方政府应该整合政府内部组织，并且与公民社会、房地产企业合作，共同发挥各自的优势，为住房市场产品的供给构成一个有机的供给主体。其次，在供给过程中，构建整体性的住房市场治理决策机制、运行机制和监督反馈机制，形成一套有机的运行机制，实现良好的治理效果。再次，结合该理论分析地方政府在住房市场中的政府行为存在的不足之处，并且以北京市政府的行为进行个案分析。而整体性治理理论是如何在西方政府改革和实践的，这对于我们运用整体性治理理论改革住房市场治理行为有着一定的借鉴意义。最后，

---

① 彭锦鹏. 全观型治理：理论与制度化策略 [J]. （台湾）政治科学论丛, 2005（23）：56-60.

本书提出了住房市场中地方政府的整体性治理路径构建。

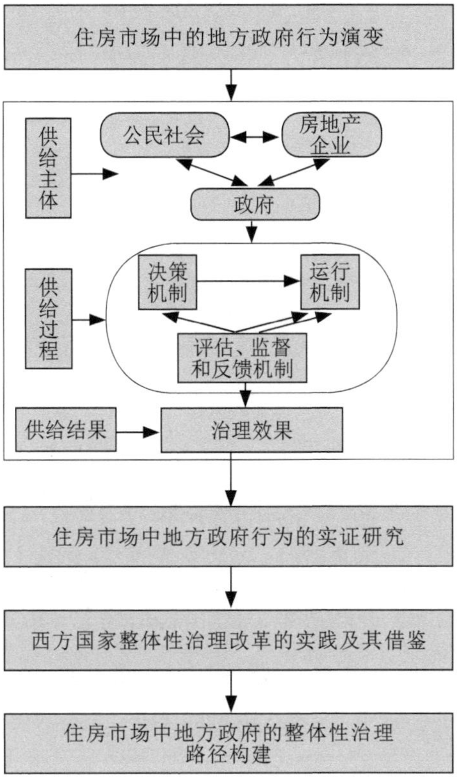

图 2-2 住房市场中地方政府行为的分析框架

2.4 本章小结

本章首先对所涉及的概念如住房市场、地方政府和政府行为进行了界定。整体性治理作为一种新的范式，继新公共管理之后的政府改革模式，已经在西方国家的公共行政领域进行了改革实践。通过理论指导实践，并进一步升华，得到了学术界的认可和推崇。因为新公共管理受到阻碍，网络信息技术不断发展，逐渐兴起整体性治理。同时，因新公共管理改革不断深入，严重忽视了部门之间的合作与协调，部门间的碎片化和分割治理导致了效果不佳，该种改革模式也日渐式微。另一方面，信息技术的不断发展和运用，也改变了传统官僚制的服务方式，以网络为基础的政府整合也成了政府改革的趋势。整体性治理理论通过协调、整合和责任机制，并以信息技术为媒介，实现政府的不同部门和层级之间、公私部门间等多元主体的协同，来提供无缝隙而非分离的整体性服务。整体性治理的思想主要体现在四个方面：第一，以问题为中心，提供无缝隙服务。以公众需求为基础，强调整体性治理；第二，政府与社会其他组织的跨界合作。提倡公私协调合作，政府纵向层级结构和横向部门机构的整合；第三，以官僚制为组织结构基础。即便是数字化时代，官僚制依然是政府组织结构的基础；第四，通过整合、协调和整体运作来实现最终目标，实现政府内部部门、机构的功能整合。

总之，通过对整体性治理的理论和实践的梳理，我们可以了解其发展的理论脉络和精髓，这也为本书运用该理论分析和解决住房市场的治理问题奠定了基础。在整体性治理的框架中，更加注重于住房市场治理全面的战略，充分发挥包括政府组织在内的各利益相关者，将其纳入"跨界"的住房问题中来，整体性治理在应对公共问题时将大有用武之地。

第3章 我国住房市场中地方政府行为的演变

政府行为更多的是在制度的约束下塑造和形成的。住房制度则受到一个国家的基本经济制度、基本经济政策和经济体制的制约。住房制度实际上是一种住房体制，从属于整个国家和社会的经济体制，它同经济体制的关系特别密切。从根本上说，经济体制对住房制度的制约，主要体现在所实行的是计划经济体制还是市场经济体制。地方政府在不同的制度下，所承担的角色不同，职能也在发生转换。

自新中国成立以来，我国的经济体制一直处在改革的历程中，住房供给作为市场经济的一种重要商品也发生了巨大的变化。在1949年后，我国的住房被看作是一种福利，住宅建设由政府单一投资，并排斥市场机制的作用。自20世纪80年代以来，我国房地产业才真正作为一个产业得以确立，同时住房市场开始起步。进入20世纪90年代，住房市场进一步得到发展，但是经历1992年以后的超速发展和及时调整后，住房市场进入了一个低谷。直至1998年国务院颁布停止福利分房的政策，使得广大购房者改变了以往等单位分房的购房心理，这也为我国住房市场的快速发展迎来了契机。因此，住房市场未形成之前，住房供给更多的是靠政府通过行政方式来进行调节，而住房市场启动后，住房供给则依靠市场机制进行分配。不同的体制中，地方政府在住房供给中的行为方式并不相同，呈现出鲜明的阶段性特征。

3.1 计划经济体制时代下住房供给中的地方政府行为

新中国成立后，由于历史遗留问题以及当时经济、社会发展的需要，我国政府在经济和社会生活领域都实行计划经济体制，实行严格的配给制。住房是衣食住行的一种基本生活品，为了体现社会主义制度的优越性，当时的政府将住房纳入社会主义福利制度中，通过计划分配给城镇职工。[①]这一阶段中国政府既然将住房当作一种福利，对住房的认识停留在"只有投入没有产出"上，国家通过财政支出将住房的建设、分配和维修全部"统包"下来，实施住房实物分配制度。由于当时实行计划经济，并没有建立起住房市场，政府是住房供给的唯一主体。中央政府通过财政预算将住房资金划拨给地方政府及其下属单位，由各地方政府负责住房的建设并制定相关的分配制度。分配原则主要是根据职工的行政级别、技术职称、工龄等因素进行分配，而住房福利则体现在低租金上，职工向单位只是少量地缴纳租金即可，同时在工资体系中也能获得相应的住房补贴。住房的属性被定为居住性质，否认住房的商品属性，禁止出租和出售。因此，计划经济时期的住房市场是一种"没有市场的市场"，职工的住房需求全部由政府负责解决。因此，地方政府在城市住房供给中扮演着所有的角色，包括生产、分配、流通、消费等，都是由地方政府包揽，地方政府成为住房的经营主体，采用计划调节方式来解决城镇居民的住房问题。

计划经济体制时代下中央政府负责了住房政策、住房计划等所有环节的制定，同时通过地方政府和各下属单位来实施这些计划。世界银行的一项研究表明，在改革开放之前，国家预算提供了90%以上的住房投资。随着经济体制改革的深化，住房制度也在不断改革，中央政府也意识到住房投资的压力太大，逐渐地让地方政府也参与到住房投资和建设中，二者共同来承担住房的供给。因此，地方政府也开始逐渐承担起了更多的住房供给责任，并不断出台本地的住房政策来提供相应的住房。1988年后国家（中央和地方政府）在住房投资中仅承担了16%，单位则承担了接近52%的投资比例。但是并未对住房制度做出根本性的改变，政府在住房市场中的主体地位和主要角色仍然保留和延续

[①] Wang Y P. Public Sector Housing in Urban China 1949-1988: the Case of Xi'an[J]. Housing Studies, 1995(10): 57-82.

下来。

3.1.1 统一建设

在计划经济体制下,我国政府把社会生产的生产资料和消费资料当作计划产品,实行统一分配;整个社会生产和再生产的运行、社会资源的配置,均由政府运用行政命令办法实施计划调节。住房也毫不例外地被当作计划福利产品,住房的生产、流通、分配、消费也都被纳入计划经济轨道。我国原有的住房制度就是计划经济体制下的产物。住房由政府统一供应,将住房建设纳入统一的国民经济计划和基建计划,特别是住房投资,由财政拨款,统一规划、建设,排斥非政府资源的参与。

由于住房的财政支出是中央预算来安排的,1979年前,中央承担了所有的国家住房预算,其中90%以上直接拨给了单位,10%拨付给了地方的住房行政机构。因此,政府统一建设的住房分为两种:第一种是由各单位直接管理的住房,另外一种是由住房行政机构直接管理的公房。第一种住房所获得的国家住房预算多,占了绝大部分;第二种公房只是各单位住房的一个补充而已。[1] 但是由于计划经济体制时代下,中央政府的重心更多地放在经济发展上,对于民生问题放在次要位置,所以对于住房的投入非常低,使得住房建设面积远远低于城镇居民的住房需求,导致城镇居民的人均居住面积只有4平方米左右。

3.1.2 统一分配

国家虽然承担了住房投资,但是具体如何来投资由各单位负责。各单位负责解决职工的所有福利问题,住房也包括在内,因此当时单位是职工最主

---

[1] Zhang X Q. Institutional Transformation and Marketisation: the Changing Patterns of Housing Investment in Urban China[J]. Habitat International, 2006(30): 327-341.

要的依靠,而职工则成为一名"单位人",衣食住行这些基本的生活保障都通过单位解决。对于如何分配住房,各单位起着决定性的作用。分房的先后顺序和住房的大小主要是根据不同职工的职务、职称、工作年限等进行分配的。分配过程中只要房源足够,所在单位的职工都能分到住房,不存在住不起房子的问题。当时由于住房建设面积的不足,导致职工只能排队等候,这就导致了部分群体分不到住房。如前面所介绍的,单位只是象征性收取租金,所以只要能分配到住房的职工不存在缴不起房租的情况。而城市的直管公房也是优先分配给急需住房的单位,单位获得住房后再来分配给单位的职工,基本上所有的公有住房都是由单位来分配的。

在这一体制下,住房无偿分配,采取低租金政策。住房作为福利,以实物形式分配给职工,从而决定了职工工资中不包含住房消费的这个方面。因此,各级政府中的单位在住房分配中起着了绝对主要的地位。

3.1.3 统一管理

在计划经济体制下建设的住宅都是公房,职工只是拥有住房的居住权而已,并没有所有权,因此这些住房由政府主管部门(房管所)和企事业单位直接进行行政性管理,并根据分配方式的不同分为直管公房和系统公房,不论是哪种住房都成立了专门的维修管理部门对住宅进行统一的维修。由于个人缴纳的房租很低,单位收取的租金根本不足以弥补日常的管理和维修工作,就导致了住宅管理过程中的入不敷出。当出现房屋质量问题时有时会得不到及时维修,而且维修的费用还得由政府和企事业单位补贴。

3.1.4 计划经济体制下住房状况的评价

这种带有福利性质的"以租养房"的住房分配模式无法持续下去,政府投入越多,负担越重,因此这种福利住房供给模式很难维系下来。在这一过程中住房分配的苦乐不均、以权谋私行为等种种弊端也逐渐显现出来。

1. 住房严重短缺

计划经济体制下，新中国百废待兴，所有的行业都迫切需要投资和发展。因此，当时中央政府经济发展的政策方针是"先生产，后消费""生产第一，消费第二"，以此推动经济建设。在这一背景下，国家对住房建设的投资规模非常有限。如表3-1所示，从1958年开始到1977年住房改革被纳入国家议程之前，住房投资在基本建设投资中的比例一直就没有超过8%。住房投资不足的后果就是直接导致城市居住条件的恶化和严重的住房短缺。

表3-1 住房投资占基本建设投资的比例（1950—1977年）

年份	基本建设投资（亿元）	住房投资（亿元）	住房投资所占比例（%）	年份	基本建设投资（亿元）	住房投资（亿元）	住房投资所占比例（%）
1950	11.34	1.25	11.0	1964	138.69	11.16	8.0
1951	23.46	8.21	11.0	1965	170.89	9.43	5.5
1952	43.56	4.48	10.3	1966	199.42	8.77	4.4
1953	80.01	9.47	12.5	1967	130.52	4.96	3.8
1954	90.62	8.44	9.3	1968	104.13	5.21	5.0
1955	93.02	6.16	6.6	1969	185.65	10.21	5.5
1956	148.02	12.74	8.6	1970	294.99	7.62	2.6
1957	138.29	12.84	9.3	1971	321.26	13.71	4.5
1958	266.96	8.10	3.0	1972	312.79	17.97	5.7
1959	344.65	13.74	3.9	1973	321.26	19.85	6.2
1960	384.07	15.07	4.1	1974	333.01	21.55	6.5
1961	123.34	7.43	6.0	1975	391.86	22.94	5.9
1962	53.62	3.16	5.9	1976	359.52	28.16	6.1
1963	94.16	7.28	7.7	1977	364.41	25.06	6.9

数据来源：1951—1978年《中国统计年鉴》

一方面是政府对住房的投入不足，另一方面政府垄断住房供给的这一结构特征也明显影响到住房供给的效率。由于政府将拥有住房视为城市居民享有的一项权利和福利，并且垄断了住房的供给，从而导致住房总量过少，住房严重短缺。特别是人口的激增引起巨大的住房需求以及由此带来的严重住房短缺，新中国成立后的30年期间，全国人均居住面积不升反降，从1949年的4.5平方米降低到1978年的3.6平方米。[①]

2. 住房贫富不均

伴随着住房短缺的同时，住房分配同样出现了不公现象，主要是体现在计划经济时代不同层级、不同地区和不同类型单位之间的住房政策与住房投资额存在着巨大的差异。在计划经济体制时代，"结构蜂窝状"[②]的政府间结构导致了中央政府给各单位和部门拨付的资金并不一致，"强势部门"与中央政府博弈的过程中往往能获得更多的资源和充足资金，因此导致住房在不同区域和政府部门之间严重贫富不均。尽管我国的住房制度从理论上而言对所有的城镇居民都是一种普适性的社会福利，但是由于不同单位获得资源的不同意味着每个市民并不能从中平等地获益。

计划经济时期，地方和企业实际上形成了自给自足的封闭体系，整个国家似乎是由互不相关的单位组成，各部门遵循自力更生的原则，处于十分分散的状态。[③]实际上，住房补贴只能被那些轮候制中分配到公房的职工所享有。而不同职工在获得住房补贴上的机会并不平等，这一差别存在于公共部门和私人部门之间，以及那些获得分配住房和没有获得分配住房的公共部门

[①] 成思危. 中国经济改革与发展研究 [M]. 北京：中国人民大学出版社，2001：286.

[②] 许文慧（Vivienne Shue）提出了"蜂窝状结构"的概念，认为地方之间的相对独立，造成了中国社会内部区域之间相对分割，相互之间缺乏有机联系的"蜂窝状"结构特征。其原因在于中央实行的集权型体制并没有完备的技术手段予以配合，特别是严密的经济计划的制订和执行，需要诸多支撑条件，如有效的统计系统、发达的科层系统、完善的组织系统、良好的通信条件等。但在当时情况下，中国并不具备这样的条件，这就在所设定的体制原则与体制实际运作条件之间存在着一种很明显的不一致，从而使集权型体制无法得到有效贯彻。

[③] 帕金斯，等. 走向21世纪：中国经济的现状、问题和前景 [M]. 南京：江苏人民出版社，1992：34-36.

的职工之间。一般而言，所在城市的经济条件起着决定性的作用，住房条件在南方比在北方要好，中小城市比大城市要好。[①]就单位而言，职能部门的权力层级与大小是关键因素。政府部门的住房条件要好过国有企业和集体企业，大型国有企业又比小型国企和集体企业要好。国家部委职工的居住面积就比北京市政府和区级单位职工的住房面积要大得多，前者人均住房面积为8.8平方米，后者分别为5.45平方米和3.45平方米。[②]而这些区别仅仅是因为职工的工作单位不同造成的，与其本人的能力无关。

3.2 市场经济体制下住房市场中的地方政府行为

自从20世纪80年代以来，西方国家对政府进行了大刀阔斧的改革，尽管各个国家的政府改革并无统一模式，但其共同点都是以市场为基础，强调市场导向的管理，通称为"新公共管理运动"。当新公共管理范式进入国内学界时，面对的是这样一种背景，中国曾经历几十年的计划经济时期，国家过于强大，政府对经济过度干预。计划经济体制下的住房建设落后于经济发展，欠账过多，使得住房问题越来越严重。但是即便如此，城镇居民在住房问题中并无太多的选择。一方面，职工只能等待政府和单位分配住房，对于经济基础较好的这部分群体也没有其他的选择，住房开支只占家庭生活支出的1%左右，这也引发了家庭的畸形消费；另一方面，政府建设住房越多，财政支出的负担就越重，福利化分房已经成为政府必须改革的一项制度。[③]

1978年以后，中国的改革表现为向市场经济转变，新公共管理运动的市场化导向的理念很快成为学界的主流观点。[④]在此背景下，我国结合经济体制改革对住房体制进行改革，按照新公共管理的理念，住房市场化成为我国

---

① 于思远，等. 房地产住房改革运作全书[M]. 北京：中国建材工业出版社，1998：301.
② 张元端，张跃庆. 中国改革全书（1979—1991）：房地产业改革卷[M]. 大连：大连出版社，1992：5.
③ Chen A M. China's Urban Housing Reform:Price-rent Ratio and Market Equilibrium[J]. Urban Studies, 1996（3）:1077-1092.
④ 贺东航. 新公共管理的回顾与检视[J]. 政治学研究，2008（2）：108-115.

解决住房供给的改革取向。但是我国的住房改革远远滞后于经济体制改革，中央政府在1979年推动了住房改革试验，如按照成本价销售、"三三制"售房、提租和补贴等，但原有的住房体制并没取消，仍发挥主要的作用。这一阶段的改革收效甚微，也进一步加重了中央的财政负担。此后从1988年到1998年中央政府开展了全国性的住房改革，并加大了住房的改革力度。随着住房市场化的不断深入，特别是1998年停止了实物分房后，计划经济体制时代下住房供给模式被完全打破，住房供给的责任在中央、地方政府之间又重新发生了改变，个人购房成了住房市场的主要选择，中央和地方政府只是起到"掌舵"的作用。地方政府根据中央政府的政策精神和相关文件，采取了一系列的措施来发育和完善住房市场。在市场经济体制下，住房的各种生产资料和消费资料都商品化，住房的供给遵循市场经济的规律运行，由市场机制调节住房资源的合理配置。而地方政府通过相关的改革后，由以前住房市场中的全能角色转变成为住房市场的培育者和监管者、保障性住房的供给者。

3.2.1 建设方式的转变

新公共管理主张建立公司机构之间的竞争机制，吸纳企业管理技术，取代传统行政管理方法，运用经济学的管理方式管理社会事务。特别是经济学提出的基于市场的公共政策设计，如民营化、市场检验、签约外包、供给生产相分离等企业管理技术，也可用于公共管理领域。地方政府运用企业管理技术在住房市场非常普遍。通过吸纳企业管理技术后，地方政府不再建设住房，而是借助于市场机制，通过多种方式与其他主体合作。

1. 公共部门改制

我国的住房改革中，一个重要的方面是公共部门改制。各地与住房经营相关的行政事业单位或者其附属机构，都改制成了企业，确立了自主经营、自负盈亏的市场经营方式。中国最大规模的房地产企业万科企业股份有限公司（也称万科集团），由一家国企改制成为一家股份制公司，进入房地产业后迅猛发展，如今已经成为我国房地产企业的标杆，甚至成为全国乃至全世界施工面积、销售额和销售面积最大的房地产上市企业。而万科集团在取得成功后，也吸引着其他的国有企业与万科合作，改制成为股份有限公司。如北京市朝阳区就将旗下的朝万房地产开发中心60%的股权转让给万科，使之按照现代企业制度组建有限责任公司。①

2. 允许民营企业进入住房市场

在住房市场开始发育以后，地方政府鼓励各种性质的企业成立房地产公司，进入住房市场中提供各种住房产品。到目前为止，已经有许多著名的房地产民营企业活跃在住房市场中，如碧桂园、大连万达、SOHO中国、恒大地产等。据不完全统计，目前房地产市场中90%以上的房地产企业都是民营企业。正是由于大量的民营企业纷纷进入住房市场，使得住房市场的供给量每年呈现跨越式的增长。在1979—1993年间建成面积达到了20亿平方米，这已经占到计划经济体制下30年总和的80%了。在这之后，住房面积呈现跨越式的增长趋势。根据2011年《中国统计年鉴》的数据显示，2010年我国已经有85218家房地产企业，住宅的竣工面积达到86879.84万平方米，价值达到了16270.84亿元，建筑和房地产业增加值占GDP的比例接近10%。

3. 合同外包

在计划经济体制时代保障性住房所有的环节都由地方政府承担。住房市场化后，地方政府仍然需要承担起保障性住房供给的职能。但是地方政府已

---

① 万科又出新彩 牵手政府进行国有房地产企业改制[EB/OL]. (2006-03-01)[2007-04-05]. http://cd.focus.cn/news/2006-03-01/186544.html

经退出了住房的建设环节,而是通过合同外包的形式,与住房市场中的房地产企业合作。地方政府通过招标确定项目开发的房地产企业,在房地产企业开发完成后再由地方政府对购房者进行资格确认,向符合条件的居民租售,从而确保保障性住房的正常供给。再如在旧城区改造中,地方政府将拆迁工作外包给拆迁公司,与房地产企业合作进行项目开发。地方政府只是扮演着监管者的角色,并不亲自参与旧城区的具体拆迁和建设过程。在住房供给这个环节中,地方政府始终只是扮演着"掌舵"的职能,并不参与到"划桨"中。

3.2.2 分配方式的转变

1. 公房私有化

公共部门私有化是西方国家新公共管理运动中的一个重要内容。由于西方国家深受凯恩斯主义的影响,走上了福利国家的道路,其后果是政府负担日益加重,机构臃肿庞大。于是西方国家首先考虑的是裁减庞大的公共部门并出售资产,进行大规模的私有化改革。计划经济时期,住房是我国社会主义福利制度的重要组成部分,通过国家分配所得,产权归国家所有。这使得各级政府负担过重而且住房分配效率低下。为了建设与市场经济体制相适应的新城镇住房制度,造就千百万多元化的住房产权主体作为市场运作的微观基础,在中央政府的推动下,地方政府经过数次反复改革后,公房出售得以开展并逐渐启动了住房市场。[1] 其中包括:在中央的推动下,地方政府通过多种方式对当地的公房进行改革,实现了公房私有化。特别是1998年7月国务院下发了《关于进一步深化城镇住房制度改革加快住房建设的通知》,明确指出停止住房实物分配,逐步实行住房分配货币化,这标志着公房分配开始退出历史的舞台,住房的市场化和社会化成为住房制度的主旋律。

---

[1] 李培. 中国住房制度改革的政策评析 [J]. 公共管理学报, 2008(3): 47-55.

2. 建立土地市场

新公共管理强调政府应在管理中广泛引入市场竞争机制，取消政府在公共物品和公共服务供给上的垄断地位，鼓励公共部门与私人部门及公共部门之间展开竞争，让更多的私营部门参与公共物品和服务的供给。

为了体现我国社会主义公有制的优越性，计划经济体制下土地都是国家无偿划拨供给用地主体，无偿使用制度使得土地无法在各用地主体间流转，这导致了土地利用效率不高。我国为了配合社会主义市场经济建设，取消了土地的无偿供给制度，逐渐建立起了土地市场。中央政府首先改革了土地使用制度，确定了土地的有偿出让制度。地方政府代表国家行使土地所有权，并垄断了土地使用权的一级市场，对土地实行统一管理、统一出让，并向获得土地使用权的主体收取土地出让金。同时，允许土地使用权在二级市场上流转。1987年12月1日，我国的第一宗土地在深圳拍卖，成为土地市场的破冰之旅，成为"住房商品化的起点、按揭贷款的起点、物业管理等等的起点"。今天，土地市场为地方政府所带来的收益，已经成为各地方政府财政收入的主要来源。

3. 引入住房市场竞争体制

我国法律强调"房地一体"。按照《房地产管理法》《物权法》的规定："土地的土地使用权被买卖处分时，该土地上的房屋等建筑物及其附属设施也随之一并转让。"随着土地市场的建立，与之相一致，也建立起了住房市场。以往通过行政方式实行住房实物分配的制度也改成了住房分配货币工资化，住房的生产、分配、交换和消费全部都纳入市场经济的轨道中，由市场来调节住房资源的配置。住房供给从以前的政府是唯一主体转变成了现在的房地产企业为主体。特别是1998年国务院正式宣布停止住房实物分配，逐步实行住房分配的货币化，这就标志着我国福利分房政策的正式终结，也预示着我国住房市场的春天到来了。在这之后,住房市场迎来了中国历史上前所未有的发展速度。到了 2003 年 8 月国务院首次将房地产业定位为我国的支柱产业。从此以后,住房市场的竞争体制逐渐发育和完善起来。如今,房地产行业已经成长为我国一个举足轻重的行业。

3.2.3 管理方式的转变

1. 住房市场的顾客导向

新公共管理把政府服务的接受者视为消费者或"顾客",而把这种顾客至上论的理念引进了这场关于公共行政官员与公民之间适当关系的讨论中。新公共管理认为,顾客驱动的政府优于官僚制政府,因为前者具有更负责任、更多创新、有可能产生更多服务选择以及更少浪费的优点。

在住房市场化后,地方政府以顾客导向的理念向房地产企业和购房者两个群体提供服务。住房市场刚开始发育时,为了鼓励房地产业的发展,扶持房地产企业的成长,地方政府在土地和信贷方面都制定了宽松的政策予以支持,房地产企业最终得以迅速成长、发展。同时,为了满足购房者的购房需求,提高其购买能力,地方政府通过金融政策和财政政策进行回应,使他们能够有足够的支付能力购买自己所需的住房。房地产企业和购房者在"顾客导向"的理念下都能做出个性化的选择,而不再依赖政府的垄断性服务。

2. 地方政府回归掌舵职能

倡导新公共管理的学者奥斯本和盖布勒在《改革政府》一书中提出了政府再造的十大原则,其中第一条就是"政府的作用应该是掌舵而不是划桨"。[①]"企业化政府开始转向一种把政策制定(掌舵)同服务提供(划桨)分开的体制。"在住房市场中,地方政府的掌舵主要表现在两个方面:第一,作

---

① 奥斯本,盖布勒. 改革政府 [M]. 上海:上海译文出版社,2008:9.

为各地住房市场治理的主体,地方政府更多的是制定各种相关政策来规范房地产企业的行为,行使自己的监管职能,最终促进住房市场的发育和完善,通过住房市场来提供购房者所需要的各种层次的住房。第二,作为中央政府在地方的代理人,积极配合中央政府落实各项调控措施。中央政府从2005年以来就开始对住房市场开展了调控,到现在已经出台了数轮调控,每一次调控都需要地方政府的配合和执行,才能发挥宏观调控的作用。

3.2.4 住房市场化后住房状况的评价

从1979年后的破冰式改革,住房市场开始进入了改革的深水区。我国居民也逐渐认可和接受了这种住房改革制度,住房供给转变为以住房市场为基础的住房市场体制,"新自由主义"的住房秩序成了大家所认可的事实和标准。[①] 虽然这种改革取得了一定的成就,如公民可以通过多种方式来选择和拥有自己的住房和权利,住房水平的"质"和"量"都有了较大的提高,但是随着住房市场化的进程,一些老问题并没有解决,而新的住房问题也随之出现。

1. 住房方面的贫富差距进一步加剧

首先,从1978年至1998年20年的住房改革期间,我国住房供给的双轨制同样不断地加剧这种贫富不均。我国的住房制度改革是渐进式的,在计划经济体制下住房条件受到了各单位的影响和控制。在国家住房计划投资体制下,不同地区、部门以及不同所有制和级别的单位的住房状况差异很大。而市场化改革则加剧了这种不平等。如表3-2所示,住房补贴只是补贴给已经获得了公房的人,而且公房面积越大,意味着他们获得的补贴越多。但是对于没有公房的人,只能给予少量的现金补贴。对在私人部门就业的人而言,他们实际上完全被排除在这一政策之外。

---

① Lee J, Zhu Y. Urban Governance, Neoliberalism and Housing Reform in China[J]. The Pacific Review, 2006, 19(1): 39-61.

表 3-2 住房利益占职工工资的百分比（1992 年）①

职工类别	实物形式的利益	现金形式的利益	总计
住上公房的职工	30.5	11.4	41.9
没有住上公房的职工	0	11.4	11.4

这种住房的不平等随着住房私有化的改革而变得更为严重。公房出售意味着国家要对购买者提供大量的补贴，只有拥有公共住房的职工才有机会买到所住的房子。为了提高他们购房的积极性，政府还给他们提供了巨大的折扣优惠。没有公房的员工则被排除在外，不得不从市场中购买商品房，他们不仅要支付高昂的房价，还要缴纳更多的税收、保险等支出。因此，住房私有化意味着获得福利分房的群体得到了一笔额外收入。

其次，市场经济体制改革造成了地方化和部门化的趋势进一步强化。地方经济的发展使得地方自主性不断增强，甚至使得中国的权威体系演变成为一种"碎片化的权威政体"。②市场化的改革推动的社会转型加剧了中国社会内部的分化，不同的政策行动者对政策的出台都会有不同程度的影响。尽管福利分房在 1998 年 7 月被终止了，但是有些部门赶在政策终止之前突击盖了一批住房，而这进一步加剧了住房的不平等。实际上，我国的政治体是一个多样化的实体，政府与社会相互作用，政府是各种组织同社会在不同层次上相互作用，并由内部的紧张和冲突塑造成的一个整体。③因此，以"市场化"为导向的住房市场改革不仅没能消除住房的不公平现象，反而加深了不同的层级、部门和行业之间住房条件的差距。

2.地方政府在住房市场中的职能缺失和错位

在住房市场化后，地方政府受意识形态的影响，住房产品被认为可以通过市场供给，政府只需要对住房市场进行培育和监管就行。如果政府继续供

---

① 侯浙珉. 对我国住房分配状况演变的初步分析 [C]// 国务院住房制度改革领导小组办公室和中国住房制度改革研究会. 中国住房制度改革. 北京：改革出版社，1996.
② 戴长征. 国家权威碎裂化：成因、影响及对策分析 [J]. 中国行政管理，2004（6）：75-82.
③ 托马斯·海贝勒. 关于中国模式若干问题的研究 [J]. 当代世界与社会主义，2005（5）：9-11.

给住房产品，将会导致政府改革回到计划经济的老路上。因此，在这种意识形态主导下，地方政府在住房市场中尽可能地扮演"裁判员"，而涉及地方政府的职能则与房地产企业合作，让房地产企业完全承担住房产品的供给者这一角色。但是2002年后我国宏观经济环境不太景气，住房市场则被视作一个拉动经济发展、促进经济消费的增长点，将住房的属性从居住定位为商品，因此保障性住房的供给被政府有意或无意地忽视了。以至于很长一段时间，当房价居高不下和保障性住房供给缺失的时候，公众的视线被转移到房地产商这一群体，认为是由于房地产企业缺乏社会责任感而导致购房者的住房权益受到了侵害。直至中央政府明确规定了保障性住房建设的供给是地方政府的主要职责，并将其纳入地方政府的绩效考核范围，广大居民才暂时停止了对房地产行业的妖魔化。但是，住房市场化后保障性住房供给的历史欠账太多，急需地方政府在这方面予以改进。

另一方面，地方政府还存在着职能错位。尽管地方政府应该承担住房市场的"裁判员"角色，但是1994年财政体制改革后，中央政府和地方政府"分灶吃饭"，地方政府面临着巨大的财政缺口，而地方政府作为土地的管理者拥有土地出让的权力，从而获得巨额的土地出让金来弥补地方财政的不足。在这种现实的财政压力之下，地方政府仍然可能因为利益导向与房地产商形成利益联盟，希望能够尽可能地获得土地出让金的最大化来追求地方政府的利益，房地产企业也可以获得企业经营所必备的资源。在这种合谋之下，地方政府往往不能中立地行使应尽的职能，最终使得居民的利益被忽略，其直接结果是住房福利受到了挤压和侵害。

3.3 住房制度改革后住房市场存在的问题

在指出住房市场的问题之前，我们必须得承认一点：我国大部分居民通过住房市场改善了住房条件，住房福利有了大幅度的提高，我国城镇居民已经告别了计划经济体制下住房严重短缺的困境。住房市场化后,地方政府取代中央政府成了住房市场的主体。一方面,这增强了地方政府对住房市场治理的积极性和责任感,另一方面,也无意间为地方政府找到了一条新的提高财政收入的来源。新的问题在住房市场化后不断地暴露出来并且愈演愈烈。

3.3.1 住房市场的垄断结构

健全的市场体系、近百年市场经济的发展经验、成熟的市场运作是西方国家的新公共管理运动能够取得效果的重要前提。市场发挥作用需要一系列的假设条件和政治环境、法律环境以及文化环境,如果假设条件缺失,会直接造成"市场失灵"。① 而我国在住房市场化改革后,政府认为住房资源只有通过市场配置才能达到最优状态。这种看法隐藏的前提是住房市场应该是一个完全的、竞争性的市场,否则市场失灵和政府失灵造成的后果同样严重。

住房具有以下一些主要特征:生活必需品、位置固定性、耐久性、异质性、市场分散性、不可替代性、信息的非对称性等。② 这也决定了住房不同于其他商品。而住房的特性也决定了住房市场是一个非完全竞争市场,达不到理想中的完全市场条件。土地的相对稀缺性和区位垄断性造成土地市场的自然垄断,加之住房产品的差异性以及开发商趋同的营销策略等多种因素,这些都决定了住房市场是垄断性的市场结构。所以,住房市场从来就不曾是一个完全竞争的市场。特别是我国的一级土地由地方政府垄断供应,地方政府控制着土地的征用权、开发权和供应权。在城市中,土地供给处于"多个龙头进水,一个龙头放水"的状况,土地供给完全处于地方政府严格的管制下。由于土地供应总量直接决定住房产品的生产规模和城市新增住房供应总量,土地储备制度对住房市场产品供给数量、供给结构、供给价格的影响作用日益凸显。③ 因此土地市

---

① 曹堂哲. 新公共管理面临的挑战、批评和替代模式 [J]. 北京行政学院学报, 2003 (2): 23-27.
② 吕萍, 等. 房地产开发与经营 [M]. 2版. 北京: 中国人民大学出版社. 2002: 1.
③ 张娟锋, 虞晓芬. 土地资源配置体制与供给模式对房地产市场影响的路径分析 [J]. 中国软科学, 2011 (5): 29-36.

场的垄断结构也会影响到住房市场中。高波教授在《房地产开发商策略性定价行为的经济学分析》一文中对住房市场的结构展开了详细的分析：从位置角度来考察，住房市场是一种寡头垄断结构的市场，开发商只针对开发项目的周围开展竞争，不在同一个区域内的项目对他影响不大；从产品差距角度来考察，住房产品具有显著的异质性，并不存在完全相同的产品，这就导致房地产商具有加强的垄断性；从市场成长角度来考察，房地产商更加着重于开发出差异化的产品，容易产生更强的垄断性；房地产商的定价策略，如价格合谋、价格歧视、追随定价等，将自己的利润最大化。这些方面使得房地产商获得了住房地产的垄断力量，挤占了购房者的购房福利。[①] 勒纳指数（Lerner Index）[②]可以反映住房市场中的房地产企业的垄断程度，有学者对住房市场的垄断程度专门进行了测算，汪浩（2004）分析出我国住房市场的勒纳指数在 0.4 以上，房价并不是由边际成本决定的。况伟大（2003）对 1996 年到 2002 年北京、上海、深圳和天津的勒纳指数进行了测算，北京在这四者间最高，达到了 0.6 以上，说明其垄断程度最高；上海最低，但是也达到了 0.4 左右。[③] 秦翠萍（2012）对我国 2000—2010 年 27 个省（不包括直辖市）和 33 个大中城市的住房市场勒纳指数进行了测算，其结果如图 3-1 和图 3-2 所示。

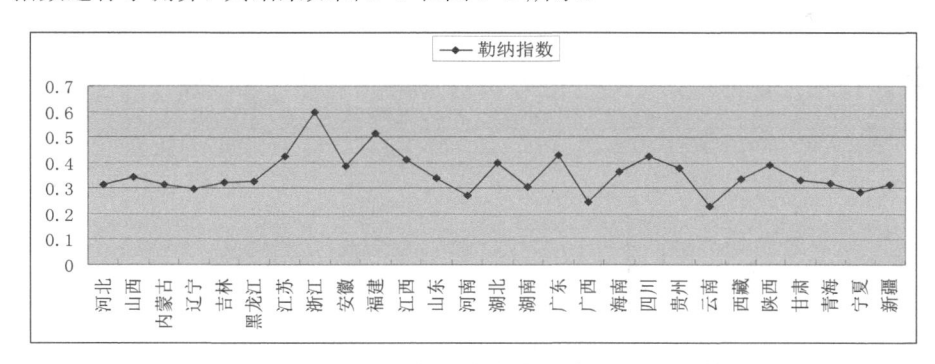

图 3-1 我国 27 个省住房市场勒纳指数测算结果

---

① 高波. 房地产开发商策略性定价行为的经济学分析[J]. 产业经济研究, 2008(2): 35-41.
② 勒纳指数通过对价格与边际成本偏离程度的度量，反映市场中垄断力量的强弱。勒纳指数在 0 到 1 之间变动。勒纳指数数值越高，代表垄断程度越高。
③ 况伟大. 市场结构与北京房价[J]. 改革, 2003(3): 69-73.

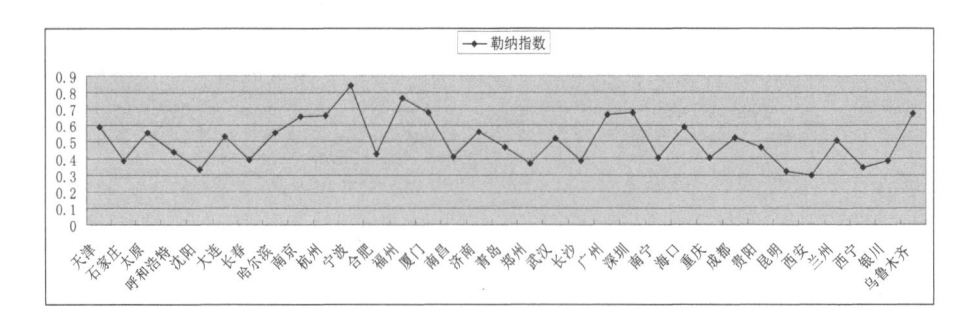

图 3-2 我国 33 个大中城市住房市场勒纳指数测算结果

从图中我们可以看到，在经济较为发达的省市，勒纳指数都超过了 0.3，特别是天津、南京、杭州、宁波、福州等城市的勒纳指数超过了 0.5，房地产商拥有很强的市场话语权。

同时，住房市场不同的需求使得住房分为必需品和投资品、消费品和奢侈品，而投资品和奢侈品需求旺盛则会对必需品产生挤出效应。目前，过多的投资品和奢侈品的旺盛需求扰乱了住房市场机制的正常运行，从而产生房地产泡沫。因此，我国的住房市场结构使得市场机制未能发挥其功效。地方政府又过于迷信"万能"的市场机制，对市场的脆弱性以及市场失灵并没有充分的认识。目前住房市场的状况是：大量房地产企业在源源不断地进入住房市场，由于各种相关制度不健全，致使房地产企业能够达成价格合谋，从而导致房价一路上涨。

3.3.2 房价过高

随着我国改革开放的不断深化，我国经济从 1992 年开始步入高速发展的阶段，我国的住房价格从 1995 年也开始进入了快速上涨的通道。从图 3-3 中我们可以发现，1995—2012 年我国住房的竣工面积、销售面积和销售单价一直都处于上升趋势，而且涨幅非常明显。根据国家统计局公布的数据显示，2012 年 11 月份 70 个大中城市中，四个一线城市的房价涨幅同比全部超过了 20%。

其中，上海 11 月新建商品住宅价格同比上涨 21.9%，为全国最高；北京同比上涨 21.1%，深圳同比上涨 21.0%，广州同比上涨 20.9%；另外，同比涨幅超过 10% 的城市超过 20 个。中国指数研究院数据显示，根据对北京等十大城市主城区二手住宅活跃样本的调查，2013 年 1—11 月，十大城市主城区如北京、上海等地二手住宅均价累计上涨 18.5%，11 月价格达 26484 元 / 平方米，创历史新高。房价的过快增长，加大了居民的购房支出，降低了其他生活消费支出，使得购房者，特别是年轻的购房者们生活负担加重，并不利于他们安居乐业。另一方面，房价过高对经济社会产生了深远的影响。由于房地产的高额利润，吸引着其他并不相干的企业进入这一行业中，如家电零售企业国美、苏宁等，家电生产企业海尔、美的、格力、苏泊尔、海信等，服装纺织企业雅戈尔、杉杉、李宁等，医药企业三九胃泰、云南白药等，酒水企业如娃哈哈、五粮液、水井坊等。这也从侧面反映出实体经济的不景气。反过来房价过高会抬高房租，提高企业的运行成本，并不利于我国经济稳定增长。

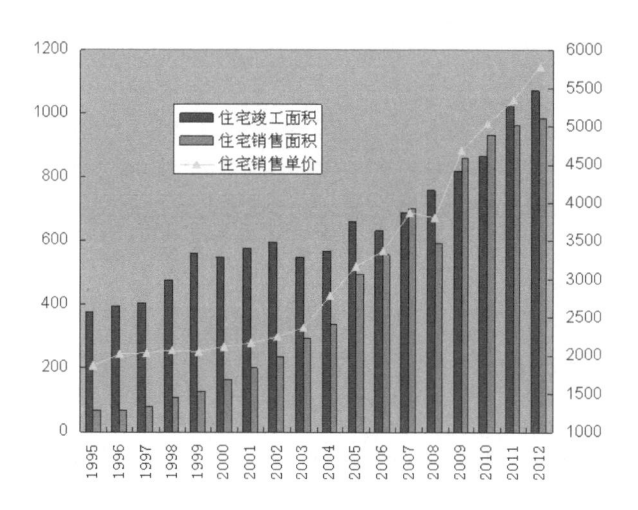

图 3-3　1995—2012 年我国住房竣工面积、销售面积和销售单价

数据来源：《中国统计年鉴 2013》

国际上对房价的衡量通常采用房价收入比[①]这一指标。比较通行的说法认为，房价收入比在 3~6 倍之间比较合理，如考虑房款因素，住房消费占居民收入的比重应低于 30%。但是根据相关数据显示，我国城镇居民的房价收入比在 7.04~8.53 之间变动（如图 3-4 所示），一直维持在较高区位。我国各地经济发展的不平衡导致各地的房价和收入水平也不一样。2011 年北京和上海等一线城市的房价收入比超过了 10，而中西部相对于这两个城市要低不少。此外，即便是同一个城市中不同群体收入差异也比较大。最高收入群体的支付能力很强，他们更多的是追求舒适、优美的住房环境，而对于最低收入阶层来说则基本没有购房能力。为了满足不同地区、不同群体的各种住房层次需求，各地政府应该建立多层次、多梯度的住房体系，来满足不同群体的基本生活需求。

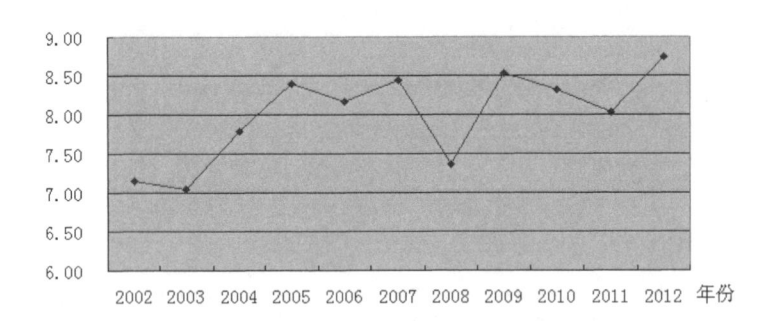

图 3-4 2002—2012 年全国房价收入比

数据来源：《中国统计年鉴 2013》

3.3.3 住房市场的产品结构不合理

按照 1998 年国务院对住房市场建设的设想，要建立和完善以经济适用房为主的多层次的城镇住房供应体系，并且经济适用房能够覆盖的群体约占

[①] 房价收入比 = 住宅价格 / 居民有效购买力 =（住宅销售单位面积价格 × 城镇人均住宅建筑面积 × 家庭人均人口）/（城镇居民人口可支配收入 × 家庭人均人口）=（住宅销售单位面积价格 × 城镇人均住宅建筑面积）/（城镇居民人均可支配收入）.

到城市人口的60%~70%。然而住房市场在以后的发展过程中偏离了以前的设想，以经济适用房为主体的住房供应体系并未建立，商品房取代了经济适用房成为市场的主体，经济适用房和廉租房只是住房市场的点缀。即便是少量的经济适用房和廉租房，也并不能有效地"瞄准"应该覆盖的群体，反而出现了腐败和寻租的现象，中低收入群体只能去住房市场中购买自己所需的住房。

1. 地方政府对保障性住房的供给缺乏动力

住房市场的高速发展导致了住房供给结构不合理，集中表现为商品房的大量建设和保障性住房的供应不足。全国商品房的空置面积到2007年10月已经达到1.18亿平方米（国家统计局综合司，2007），而经济适用房的投资额和建设面积这两个指标在全部住房投资中的比重持续下降（见表3-3和表3-4）（朱亚鹏《中国住房保障政策分析》）。

表3-3 全国住房销售价格及增长率

年份	商品房平均价格（元/平方米）	同比增长率（%）	经济适用房价格（元/平方米）	同比增长率（%）
1997	1997	—	1097	—
1998	2063	3.2	1035	-5.7
1999	2053	-0.5	1093	5.6
2000	2112	2.9	1202	10
2001	2170	2.7	1240	3.2
2002	2250	3.6	1283	3.5
2003	2359	4.8	1380	7.6
2004	2778	17.8	1482	7.5
2005	3168	14	1655	11.7
2006	3367	6.3	1729	4.3
2007	3864	12.9	1754	1.4
2008	3800	-1.7	1929	9.1

（续表）

年份	商品房平均价格（元／平方米）	同比增长率（%）	经济适用房价格（元／平方米）	同比增长率（%）
2009	4459	14.8	2134	9.6
2010	4725	5.6	2495	14.5
2011	4993	5.4	2673	6.7

表3-4 1998—2011年经济适用房开工面积

年份	新开工面积（万平方米）	经济适用房（万平方米）	经济适用房占新开工比例（%）
1998	20388	3466	17.0
1999	22579	3970	17.6
2000	29583	5313	18.0
2001	37394	5796	15.5
2002	42801	5280	12.3
2003	54708	5331	9.7
2004	60414	4257	7.0
2005	68064	3513	5.2
2006	79253	4379	5.5
2007	95402	4810	5.0
2008	102553	5622	5.5
2009	116422	5355	4.6
2010	163646	4910	3.0
2011	191236	5267	2.8

资料来源：国家统计局，2012

在顾客导向的理念下，地方政府在缩减规模时，将原本应由政府承担的责任和义务推给了社会和市场。2003年8月国务院颁布的《关于促进房地产市场持续健康发展的通知》，把经济适用房由"住房供应主体"换成了"具有保障性质的政策性商品住房"，从此绝大部分的购房者只能通过市场购买住房。特别是当地方政府严重依赖土地获得的财政收入时，其利益已经和房地产企业高度一致了。所以，在满足"顾客"需求方面，地方政府将其职能放在规范和稳定住房市场上，强调购房者通过市场来解决住房问题，忽视了中低收入家庭的住房公平问题。中国社会科学院发布的首本住房绿皮书《中国住房发展报告（2009—2010）》指出，廉租房建设缓慢，保障范围小，资金缺口大，远远没有满足"十一五"期间每年近500亿元的廉租房资金需求。截至2006年年底，通过廉租房制度改善居住环境的低收入家庭仅有54.7万户，只是达到2008年年底目标的5.5%。

2. 房地产企业视保障性住房为鸡肋

房地产行业是否属于暴利行业，房地产商一直"羞羞答答"地不愿以真正面貌示人。统计数据的缺失也难以说明房地产这个行业利润率的高低。但是从各种富豪排行榜可以看出些端倪。无论是胡润富豪排行榜还是福布斯富豪排行版，伴随着房价的一路上升，富豪榜的前100位中出现了越来越多的房地产业的经营者们，到了2012年，前100位中有一半以上都涉及了房地产业。前10位的富豪中，有地产业务的多达8位以上。如果没有高额经济利润，开发商绝对不会一夜暴富。知名地产商任志强的"地产暴利说"也赤裸裸地代表了地产商的利润宣言："没有巨大的利润支持，无法建设品牌，因此房产品牌就应该是具有暴利的。"[①] 而政府往往对保障性住房的利润进行了严格的限制，如对经济适用房的利润规定不得超过3%。对于商品房开发而言，这点利润根本无法吸引房地产商的兴趣，保障性住房成了他们眼中的鸡肋，食之无味。为了避免这种情况的发生，地方政府不得已将保障性住房和商品

---

① 任志强"暴利说"起风波[N]. 新京报，2005-11-25.

房的开发捆绑在一起。

3.3.4 住房市场中的信息混乱

信息不对称是造成经济损失的重要原因之一。近年来我国住房市场的信息非常混乱，也给政府治理住房市场带来干扰。如房地产市场的有效信息缺失、房地产销售的虚假信息频现、房地产统计数据相互矛盾等，这已经成为制约房地产市场进一步发育的瓶颈。

1. 政府部门间从来没有进行过全国住房普查统计

尽管我国住房市场经过了 10 来年的高速发展，住房新建面积从 1998 年的 4.76 亿平方米增长到 2011 年的 9.49 亿平方米，人均住房面积也从 1998 年 9.6 平方米提高到 2011 年的 32.7 平方米。但是这依然不能掩盖住房市场化后的人均住房严重贫富不均的现象，而且贫富差距在住房市场化后更加严重。正因为如此，中央政府对住房市场进行了数轮调控，但是由于政府无法对住房市场中的需求进行一个准确的判断和分类，所制定的政策不能对症下药。例如政府一直想抑制不合理的住房需求，特别是投机性购房需求，但由于没有权威的住房统计数据，地方政府无法对其进行准确的界定。直至今日，地方政府也弄不清楚到底哪些人拥有住房，拥有多少套住房，而哪些人没有住房，哪些群体应该是政府保障的对象。所以尽管有大量的购房者在叫苦不迭，抱怨房价太高，但住房仍然在源源不断地售出，甚至频频出现抢购的疯狂状况，其根本原因就在于此。而基于住房作为一种基本生活用品的属性，对全国的住房进行普查无疑能有助于中央制定住房市场调控政策的准确性。

2. 政府部门公布的数据频频出现"打架"情况

不同的政府部门根据自己所采集到的数据，发布相关的统计数据。但是，不同的部门发布的数据经常出现相互矛盾的情况，表现在以下两个方面：

首先，不同部门的统计口径不一样。例如各家机构在年底都会发布当年的住房统计数据。然而，房地产的相关数据一贯出处繁多，且统计口径并不十分明确，因此得出的结论也并不一致。2013年5月，国家统计局公布的广州新建商品住宅价格环比指数为101.5，环比以上月价格为100，也就是说，广州5月份房价环比上涨1.5%；而广州房管局发布的5月房价数据却显示，当月网签均价是15405元/平方米，环比下降5.9%。这一升一降，存在本质差异。综合媒体报道，不仅广州，北京、深圳等地的房价统计数据，也都存在国家统计局数据与地方数据"打架"的情况。[1] 根据国家统计局的解释，该部门所使用的是"住宅销售价格指数"，而地方一般采用的是"商品房平均销售价格"。[2] 两者之间的计算方法不同，所反映的经济指标也并不相同。但是对于不具备专业知识的公众而言，只会认为政府部门的统计数据不可靠。

其次，各部门的职能不同，分类方法也不一样。特别是我国不动产的登记部门机构多，各部门各行其是，如表3-5所示。

表3-5 不动产登记部门负责登记的范围

部门	负责职责
建设部门	房屋所有权登记
土管部门	集体土地所有权、国有土地使用权、集体建设用地使用权和宅基地使用权等的登记
农业部门	耕地、草地承包经营权的登记
林业部门	林地所有权和使用权的登记
渔业部门	水面、滩涂的养殖使用权登记
海洋部门	海域、无居民海岛使用权登记

不同的部门都以自己的职能为依据，但是各部门对不动产分类的标准都以本部门为准，最后的结果是不同部门调查出来的信息不同，甚至相互矛盾。

---

[1] 亢舒，顾阳. 房价统计数据为何"打架"[N]. 经济日报, 2013-07-21（2）.
[2] 商品房平均销售价格是一个城市各区域、各类商品房的平均成交价格，可以用于各地区之间的横向比较；住宅销售价格指数计算得到的报告期住宅销售价格指数主要反映市场"纯价格"变动，是综合反映住宅商品价格水平总体变化趋势和变化幅度的相对数。

3. 住房市场的信息不透明

政府对住房市场治理的目的是为了公共利益，保障购房者的合法利益，因而地方政府应该向购房者公开所掌握的信息。这也有利于购房者能够对房地产市场做出理性的判断，同时也可以监督政府部门。但是实际上我国有用信息的80%由政府所掌握，这些信息大多处于不对公众公开的状态。① 政府部门向购房者提供什么信息，提供多少，提供到何种程度，都由政府部门决定，《政府信息公开条例》对其约束性并不高。在住房市场中，政府部门并没有完全公开土地交易信息、房屋成本和空置率等信息，公众也就无法准确、及时地了解到房地产市场的相关交易信息。② 由于政府部门长期垄断着大量的住房市场信息，并未和公众有效地进行信息互动，故而无法针对公众的信息需求作出快速、准确的反应。而且我国政府部门的治理过程是一个"黑箱"，公众无从得知政府部门是如何制定和执行房地产政策的，更无法对政府部门进行监管。例如，从2006年起就有购房者要求政府公布经济适用房的成本价，但是相关部门始终没有予以正面回应，到目前为止保障性住房的成本价格仍然有待于"适时公布"。商品房的成本更被认为是房地产企业的商业机密而被有关部门明确拒绝公开。

另一方面，由于住房市场的垄断结构，住房市场中的信息不对称更加明显，房地产商明显拥有信息优势。因为房地产商作为住房市场的供给主体，能够更好地把握市场需求、房地产市场的周期及其变化特点，可以对市场的发展走势做出及时的判断和预测。但是作为需求者的购房者而言，在购房前基本上对自己所要购买的住房很难了解到它的建造技术和质量、造价和成本等信息，更何况我国的住房市场还是实行的预售制度。住房市场的信息不对称影响了住房市场均衡状态的形成，不利于住房市场发挥对资源优化配置的

---

① 雷润琴. 传播法——解决信息不对称及相关问题的法律 [M]. 北京：北京大学出版社, 2005: 291.
② 王思锋, 彭兴庭. 论中国房地产市场的政府规制 [J]. 西北大学学报（哲学社会科学版）, 2011(5): 148-153.

优势。

3.3.5 住房市场中的违法行为屡禁不绝

为了对房地产企业实行监管以保证住房市场的秩序，地方政府一般会采取多种管制措施。所以住房市场中的每个环节，从开发商获取土地到各项手续的审批，再到住房销售和各种证件的办理，都离不开地方政府的审批和监管。但是即便如此，房地产企业的违法行为依旧屡禁不绝。

1. 房地产商严重违反相关法律法规

房地产行业往往是违法的重灾区。具体的违法行为表现在住房市场的每一个环节：通过寻租获取土地；私下违规获得银行的贷款；囤积土地或者捂盘销售、坐地起价；建设过程中以次充好；随意改变规划侵害购房者的利益。这些现象在各种媒体报道中并不鲜见。正是因为住房市场的违规行为过多，以建设部为首的八部委在2007年3月开展了住房市场秩序专项整治工作。8个月后，八部委通报了一些严重的违法违规案件。但是经过运动式的治理后，住房市场的违法行为并没有得到好转，相反大有愈演愈烈之势，直到今天依然大量存在。因此，国务院前总理温家宝同志曾严厉批评房地产企业缺乏"道德的血液"。

2. 肆意侵害购房者的权益

房地产企业和购房者之间的力量并不对等，前者可以凭借自己的市场力量侵害购房者的权益。住房市场不规范问题在不少地区已经比较突出。综合来看，房地产企业侵害购房者的权益主要表现在如下方面：开发商发布虚假不实广告，误导消费者；为了项目的利润不惜践踏被拆迁者的利益，强拆现象层出不穷；交房时面积"缺斤短两"，不合理分摊公共面积；延期交房不给予赔偿等。①究其原因在于房地产商的违法成本太低,尽管相关的案例不断被媒体揭露,但事后很少有房地产商受到法律的制裁,即便是受到制裁,违法成本和所获得的收益相比更是九牛一毛,这也助长了房地产企业的气焰。

3. 政府部门主动或被动地在住房市场中创租或寻租

政府部门的重要职能是对房地产企业的各种行为进行监管,特别是当房地产企业出现上述严重侵害购房者权益、违犯相关法律法规的行为时予以坚决打击。但是地方政府作为一个"经济人"也被牵扯到住房市场中了,也在其中获取着住房市场所带来的经济利益。这就使得地方政府和房地产企业形成了利益联盟,可以凭借手中掌握的行政资源和垄断权力,获得寻租和腐败的空间。在住房市场的丰厚利益面前,再加上政府监管的不透明,政府部门及其管理者极有可能被房地产企业"俘获",进而主动或被动地在住房市场中创租或寻租。据《中国青年报》2010年1月6号的报道:"在经济发达的浙江省检察机关所查处的腐败案件中,从土地的获取到项目的规划,再到银行的贷款和工商的预售,政府对每个环节都进行了监管,但是每个环节都有腐败官员的身影。"仅仅从2009年1月到11月短短11个月间,浙江省检察院已经查处了61件案件,涉及15位正副局长。《法制晚报》的记者王永生统计了发生在土地、建设领域的30起案件,其中的数字很有说服力。在2009年到2010年两年时间内,涉案人员人均收受贿赂达到870万元以上,最大的一起案件为6000万元。而落马官员所暴露出来的惊人数量的房产也从侧面说明,地方政府的各个职能部门及其负责人参与到房地产市场中,获得了丰厚的利益。本书根据媒体所公布的部分案件进行了整理,发现大部分落马官员对住房都有共同的偏好(见表3-6)。

---

① 杨越. 我国房地产市场道德失范现象研究[D]. 南京:南京林业大学,2012.

表 3-6 部分落马官员所拥有的住房数量

姓　名	落马前的职务	住房套数
黄　萌	原浙江省药监局局长	84
黄　胜	原山东省副省长	46
耿晓军	原安徽省黄山市园林管理局局长	38
宋　军	原青岛远洋副总	37
郝鹏俊	原山西蒲县煤炭局局长	36
陶校兴	原上海房管局第一副局长	30
关建军	原山西省阳泉市城区公安分局巡警大队大队长	27
许迈永	原杭州市副市长	25
杨红卫	原云南省楚雄州州长	23
罗亚平	原辽宁省抚顺市国土资源局顺城分局局长	22
张　新	原杭州住房保障和房产管理局副局长	20 多
文　强	原重庆市司法局局长	15
杨光亮	原广东省茂名市市委常委、常务副市长	14
康慧军	原上海市浦东新区副区长	14
樊中黔	原贵阳市政府党组成员、市长助理	13
张美芳	原江苏省财政厅副厅长	7

数据来源：根据新华网、中新网、中国政府网、大洋网、《山东商报》等相关报道整理

3.3.6 住房市场阻碍实体经济的发展

1. 容易产生房地产泡沫

虚拟经济在其自身发展过程中，表现出相对的独立性，并脱离了房地产实体经济而快速扩张，使房地产实体经济根本负荷不了虚拟经济的价值，从而引发房地产市场的泡沫效应。目前住房的资本化定价方式并非由住房的成本决定，而是由住房的预期收入决定的。加之社会各界对住房价格的未来走势一路看涨，其心理预期就会导致住房价格的不断上涨，并且逐渐脱离房

地产的成本。特别是通货膨胀的加剧，再加上宏观经济的不景气，人们将住房看作是保值增值的理想产品，国内的各类资金也通过多种渠道投入房地产中，必然会加快房地产泡沫的产生。正是市场经济中住房特有的功能导致它一方面可以迅速通过房地产信贷的杠杆撬动大量资金流向房地产发达地区，促进地区经济进一步发展；另一方面它也产生了"泡沫经济"的风险。

2.挤占进入实体经济领域的资金

马克思指出：资本有机构成的比例、资金周转速度都会使得等量资本获得不同的利润，这就必然导致不同部门之间的竞争，即资本在不同部门间的转移。资本的逐利性导致资本往往会流向利润率高的行业。相关数据表明，我国工业的平均利润率仅在6%左右，而房地产行业的平均利润率则在15%以上。如果考虑到房地产开发过程中的自有资金率并不高，那么房地产行业的平均利润率则远远高于15%。而这也直接导致如海尔、联想、三九胃泰、国美、雅戈尔、新希望集团等原本与房地产毫不相干的实体企业都进入住房市场中谋求超额利润，再加上各大富豪榜的榜单中出现了众多的地产大亨，这更加吸引着更多的实体企业进入住房市场。尽管住房市场的发展能够带动建筑业、家具、电子产品等几十个行业的发展，但房子终归是房子，只是满足我们衣食住行中的居住的功能而已。特别是在住房价格持续上涨的诱惑下，吸引大量的社会资金和资源进入，挤占其他实业的发展空间和机会，形成产业空心化。

3.增加了实体经济运行过程中的风险

由于虚拟经济的作用，房地产价格出现泡沫，大量的资金在源源不断地流入房地产市场，加剧了房地产泡沫的增大，这反过来又诱使其他相关行业进一步进入房地产市场中，将会导致资源严重供过于求。同时由于实体经济的成本因虚拟经济的拉动而飞涨，特别是不断上涨的房价成本将会分摊到企业的运营成本中,加剧了实体经济的运营风险。

另一方面,房地产项目的开发需要大量的资金,必须借助于金融及其衍生工具获取其他资金,通过"杠杆效应"以小博大,以较少的自有资本控制比原始资本高出几百倍的资金,有着明显的放大效应。而虚拟经济中的汇率、利率、股票和期货价格等的变动都是"非系统风险",并非企业自身所能完全控制。一旦房地产市场运行不稳定,其市场风险将会扩散到其他实体经济中,加剧了经济运行中的风险。相关数据显示,金融市场中的外汇交易有90%以上与投机活动相关,这种投机活动可能会造成金融市场一定程度的波动与动荡,虚拟经济的不稳定性必然在与实体经济的互动过程中影响实体经济,从而增加了实体经济运行中的风险。2008年美国的次贷危机所引起的金融危机,给我们敲响了警钟:资产的过度虚拟化,金融杠杆比例过高,房地产泡沫破裂的后果将会直接导致经济衰退。

3.4 本章小结

不同体制下,地方政府在住房供给中的行为表现并不一致,更多的是受到其经济体制的影响。我国的经济经历了计划经济和市场经济两种不同的体制,这也造就了地方政府完全不同的行为模式。在计划经济体制中,由于地方政府完全听命于中央政府,在住房供给中承担着建设者、分配者和管理者的角色。在这种制度安排下,尽管中央政府投入了大量的资金,但是效果并不理想。居民的住房不仅严重短缺,同时还伴随着住房分配的贫富不均。在该背景下,中央政府对住房供给制度进行了改革,住房市场化成为住房供给的趋势。在住房市场化后,地方政府的职能发生了转变。首先是建设方式的转变。将原有的行政事业单位改制成企业,并允许民营企业进入住房市场中,通过合同外包和房地产企业合作供给保障性住房。其次是分配方式的转变。将已建好的公房私有化,并停止住房的实物分配。建立土地市场,允许土地在二级市场中流转。引入住房市场竞争体制，让房地产企业在市场中竞争，促进这个行业的快速发展。再次是管理方式的转变。住房市场的顾客导向，地方政府更多的是通过各种政策支持房地产企业的发展和购房者买房，向房地产企业和购房者提供相关服务，不再干涉企业的具体经营活动。地方政府回归掌舵职能，在住房市场中更多的是对其监管和培育。但是住房市场化后住房问题并没有解决，住房间的贫富差距进一步加剧，并且地方政府在住房市场中的职能出现缺失和错位。

住房市场化后，新的问题又暴露了出来。尽管住房通过市场机制进行分配，但是住房市场本身存在着大量的弊端。首先，住房市场的垄断结构并没有得到改善。住房市场的垄断从土地市场的垄断传导过来，再加上住房产品的特性，住房市场并非是一个完全竞争的市场，其勒纳指数较高。第二，房价过高。自从住房市场化后，房价在一路上涨。《中国统计年鉴》的数据显示，我国的房价收入比超过了国际上的合理比例。第三，住房市场的产品结构不合理。不同收入阶层的人需要不同层次的住房，特别是保障性住房。地方政府对保障性住房的供给缺乏动力，同样，房地产企业视保障性住房为鸡肋。这就导致了住房市场中以商品房为主，而保障性住房却严重缺位。第四，住房市场的信息混乱。住房市场到目前为止没有一个权威的住房普查统计数据，不同的部门发布的数据频频出现"打架"情况，住房市场的信息不透明。第五，住房市场中违法行为屡禁不绝。房地产行业往往是违法的重灾区，房地产商严重违反相关法律法规。另一方面，房地产企业肆意侵害购房者的权益。在这背后，政府部门充当了帮手的角色，主动或被动地在住房市场中创租或寻租。而这些问题成为制约住房市场进一步发展的瓶颈，其根源存在于地方政府的治理不利。第六，过度膨胀的房地产虚拟经济将会阻碍实体经济发展。房价过高容易产生房地产泡沫，挤占进入实体经济领域的资金，增加实体经济运行过程中的风险。

第4章 当代中国住房市场中地方政府治理行为存在的问题及治理变革的必要性

希克斯认为整体性治理主要解决"整合的对象不是分化，而是碎片化，……专家间的协调缺失而引起碎片化结果"。[①] 碎片化属于复杂性问题，可产生无数种问题，需对整体性治理进行合理设计，方可明确其原因与来源。在不同专业机构、不同功能间，缺乏利益统一与功能协调，导致合作障碍、沟通困难，形成各自为政与部门利益的问题，使得整体无法真正团结，不能真正处理和公众利益跨级与跨部门的民生问题，导致政府机关或整个政策目标执行时低效甚至失败。

在现行行政体制下，地方政府的权力主要来自中央政府的授予，地方政府为实现中央政府所设定的政策目标或预期效果而采取各项措施。地方政府对住房市场的治理主要表现在两方面：一是日常性的住房市场管理；二是配合中央政府，对本地的住房市场进行调控。而以市场化、分权化为主要内容的"新公共管理"改革塑造了地方政府的行为方式，这也成为地方政府在住房市场中角色定位的制度根源。地方政府既要在传统的官僚制框架下行使各部门的职责，又要学会运用新公共管理的方式，借用市场力量，与体制外的企业、非营利组织相互配合、相互协助，弥补自身的不足。这就导致了地方政府的行为方式既受到了官僚制内在的束缚，也受到了外在主体和环境的影响。双重制度的约束导致了地方政府在治理住房市场时面临着严重的碎片化，从而使得住房市场的问题重重。

---

① Perri Six. Towards Holistic Governance:The New Reform Agenda[N]. New York:Palgrave. 2002:3.

4.1 当代中国住房市场中地方政府治理行为存在的问题

4.1.1 住房市场治理主体间的合作不足

现代政府构架下的职能管理最显著的特征就是"横向切块，纵向管理"，根据现实管理需要，将管理活动分为不同的要素和单元，并据此设置相应的职能管理部门。地方政府对住房市场的治理是以部门、行业管理为主的管理体制，而这种管理体制仍存在结构性缺陷，表现为政策制定、执行和评估监控主体等方面的不足。

1. 政策制定主体之间的沟通不足

政策制定是地方政府治理住房市场的第一步。虽然地方政府代表中央行使其职能，但是具体的工作需要下属的各职能部门来配合和落实。这样一来，参与到住房市场中的政府部门并不是单一主体，而是形成了多元化。而以官僚制为准则设置的各职能部门间并没有横向沟通的机制和渠道，多元主体在住房市场治理政策制定过程中就会造成合作不足的问题。

（1）住房治理政策制定的主体多元化和单一化

住房市场是一个涉及多个要素的综合性市场，其中包括土地供给和开发、房屋的施工和建设、项目的规划以及配套的绿化、消防等多种要素，需要对它们统筹规划、设计，才能使住房产品发挥它最大的功效。正因为如此，住房市场的治理也涉及多个部门的多种职能。但是地方政府对住房市场的治理仍然是根据各部门的管理职能为出发点，每个部门依据相应的法律法规制定出相关政策，并在其职能范围内行使相应的职能。因此，在各地住房市场的治理中，住房政策制定主体中以单一部门为主，多部门联合出台的政策为辅，如表4-1所示，各部门的职能间存在着交叉和重叠。

表 4-1 住房项目的阶段、内容以及主管部门

项目阶段	内容	主管部门
住房项目前期阶段	可行性研究报告、项目立项	发改委
	土地利用总体规划和土地供应方式、办理土地预审	国土部门
	投资开发项目建设条件意见书	建设部门
	生产性项目环保意见书	环保局
	项目选址意见书	规划部门
	建设工程相关专业内容和范围审查	文化局、地震局、园林局、水利局等
住房项目准备阶段	对初步设计的规划要求、规划总图或变更部分进行评审并下发许可证书	规划部门
	对相关设计文件进行审查并下发许可证书	建设部门
	对人防工程建设布局、设计、人防设施审查	人防办
	进行消防设计审查	公安消防支队
	对初步设计的交通条件进行审查	公安局交警支队
	对环保、教育配套、绿化、卫生、防震等方面按职责划分对相关专业内容和范围进行审查	市政部门、环保局、教育局、园林局、卫生局、地震局等
住房项目施工阶段	建设单位办理施工报建登记，工程招标，对工程开工条件进行审查	住建局
	施工期间周围的交通状况检查	公安局交警支队
	施工中员工的利益保障	劳动局
	施工期间的卫生、道路等相关内容的检查	卫生局、市政部门、路政部门
住房项目竣工验收阶段	对施工单位提供的竣工验收报告进行备案审查	质量技术监督局
	对项目应缴纳的行政事业性收费和基金核实验收	财政部门
	规划验收	规划部门
	消防、人防验收《消防审查合格意见》	消防部门
	环保验收	环保部门
	园林、绿化验收	园林部门
	电梯验收	质量技术监督局
	燃气验收、防雷、白蚁验收等	水利、市政、文化、卫生等部门
	综合各部门验收、审查意见，决定是否出具建设工程项目竣工综合验收备案证明	建设部门

(续表)

项目阶段	内容	主管部门
住房项目销售阶段	申办《销售许可证》或《商品房预售许可证》	工商部门
	商品房销售及按揭的办理	银行部门
	申请竣工验收，进行权属登记，物业管理备案	建设部门
	申办建设工程规划验收	规划部门

从表 4-1 中我们可以发现，住房市场的治理涉及发改委、规划部门、土管部门、建设部门、工商部门、环保部门、财政部门、税务部门、卫生部门、园林部门、消防部门、民政部门、地震部门、水利部门、教育部门、市政部门、城管部门等数十家职能部门，他们在住房项目的各个环节中发挥着各自的作用。但是他们在行使职能的时候，又面临着重叠和交叉。

表 4-2 住房市场政府治理的部门、方式与内容

治理部门	治理方式	治理内容
发改委、土管部门、房管部门、工商部门等	准入	土地的总量供应、获取方式和用途规制等；房地产企业营业执照、资金要求等
房管部门、土管部门、物价部门、工商部门	价格监管	对房地产预售价格的审批、备案；确定供应土地的定价方式；经济适用房、限价房的定价等
房管部门、工商部门、规划部门等	信息披露	公布房地产项目的销售时间、销售进度；房地产企业违规情况的披露；项目的规划情况的公示等
房管部门、建设部门等	质量监管	工程监理、房屋验收以及物业管理等
土管部门、房管部门、工商部门等	住房交易	土地的产权交易；住房的出售管理、产权办理等；房地产交易的合同管理等
房管部门、工商部门等	资格认证	房地产企业的资质评定和考核等
园林部门、消防部门、消防部门、路政部门等	配套设施	房地产项目配套设施的验收
房管部门、工商部门、物价部门等	争议解决／处罚	对房地产企业的违规认定与处罚；房产交易纠纷的调解和仲裁等

表 4-1 和表 4-2 中，每个部门之间在各自主管的业务环节中都是以自己的职能为主，这也导致了政出多门，各自为政，各行其事，甚至双方制定的政策出现

矛盾和冲突。随着行政体制的改革，地方政府对住房市场好多审批环节细化了，但机构增多了，人员也增加了。"以前的审批前置条件多，一些部门重复审批、交叉审批，有的甚至互为前置，各种公章自然会增加，有的就有重复盖章之嫌。"[①] 据《华夏时报》报道，"原河北省省委书记张云川在2009年曾指出，在河北省申办一个房地产项目要盖166个公章，大小收费94项。每盖一个章，办事员、科长、处长都要签字，涉及180多个经办人"。[②] 2013年广州市召开两会期间，广州市政协常委、新城市地产董事长曹志伟也提出过议案，认为广州市的审批环节过多，"有100个审批环节，盖100个章，整个环节需要799个工作日"。[③] 甚至一些并非主管部门的协会也纷纷介入，每个协会都挂靠着一个主管部门，公章的数量因此又增加不少。但是这些盖章和收费并不属于完全意义上的乱收费，每一次盖章、每一项收费都有各部门的文件依据。这些状况加剧了住房市场治理主体的碎片化，甚至让房地产企业无所适从。

多头管理会导致治理主体功能的碎片化。传统的公共行政功能分化追求的是专业分工，而忽略垂直及水平整合的重要性。在这种分工下，就会导致公共部门职权功能的碎片化，阻碍公共政策目标的达成。特别是住房市场治理中的各部门之间沟通不畅，甚至将其审批手续互为前置，成为一个绕不出去的圈。根据媒体报道，这种情况并非个例。在住房项目的开发过程中，房地产公司先买土地，后到发改委立项。但立项前，须提交项目可行性研究报告，而这个可行性研究报告又必须具备水、电、暖、路等条件。这些条件，必须经过各相关部门的同意，任何一个程序通不过，审批项目就无法正常开发。又如为了加强环境保护，促进可持续发展，中央要求先进行环境评估再立项。但在某些地方政府，环评的一项主要前提材料就是立项批文，而立不了项根本无法进行环评。甚至有的部门还将房地产开发前的环境影响评价后置到土

---

① 房地产"公章围城"：审批公章是怎么涨到100多枚的[N]. 燕赵晚报，2009-03-08.
② 杨仕省. 房产项目开发需166个公章，灰色费用推高房价[N]. 华夏时报，2013-02-01.
③ 陈齐. 精简项目审批流程可控房价[N]. 新快报，2013-02-01.

地出让后。所以就出现了以下类似的情况：某房地产公司通过竞拍后获得了土地的开发权，但环保部门后来评价却认为，这块地不适宜建居民住宅。"碎片化"的多头管理人为地导致了房地产企业在开发过程中难度加大，也提高了房地产企业的开发成本。

（2）地方治理主体与中央政府的非合作博弈

地方政府作为中央政府的代理人，应该严格执行中央政府对住房市场的各项政策及宏观调控政策。但是地方政府的"自利性"致使他们在委托—代理结构中追求自身利益最大化，这使得中央政府和地方政府是非合作博弈关系。由于住房市场是一个区域性市场，因此中央政府和地方政府存在着先后顺序和信息不对称，二者的博弈关系类型为不完全信息动态博弈，所要达到的均衡为精炼贝叶斯纳什均衡。

设定中央政府的最大化利益为 A，地方政府不执行中央政府的宏观调控政策时中央政府的最大收益为 A_1，且 $A > A_1$；地方政府的最大化利益为 B；中央政府实施宏观调控的政策改革成本为 E_1，E_2 为地方政府执行宏观调控政策的成本，地方政府不执行中央政策的成本为 E_2'，$E_2' < E_2$；Q 为宏观调控的分配比例变化部分。支付函数为 $f(x)$，以下简称中央政府为 Cen，地方政府为 Loc。

我们假设中央政府先出台宏观调控政策，其后地方政府采取相应的对策。由于二者利益不一致，地方政府并不会配合中央政府的宏观调控。中央政府的策略集合为 SA={宏观调控，不宏观调控}，地方政府策略空间：SB={执行宏观调控，执行宏观调控}、{执行宏观调控，不执行宏观调控}、{不执行宏观调控，执行宏观调控}和{不执行宏观调控，不执行宏观调控}。

从图 4-1 和表 4-3 中可以看出，Cen 在其策略集中选择任何一种策略，Loc 随之采取的策略所得到的均衡结果。

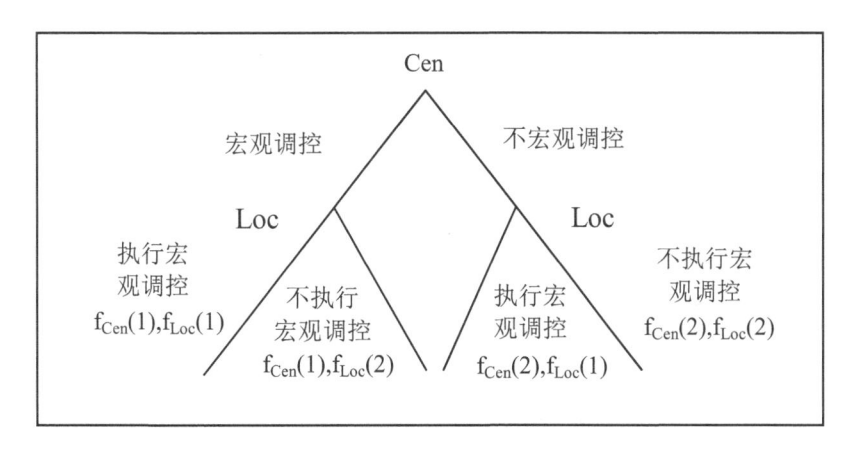

第 4 章 当代中国住房市场中地方政府治理行为存在的问题及治理变革的必要性

图 4-1 住房市场中地方政府与中央政府的宏观调控博弈树

本书进一步将中央政府和地方政府在住房市场中的博弈树用矩阵的形式表示出来（见表 4-3），从而能够直观地分析出精炼贝叶斯纳什均衡。根据图 4-1 和表 4-3 的均衡结果，我们来分析地方政府在博弈中可能采取的策略。

表 4-3 住房市场中地方政府与中央政府宏观调控的博弈矩阵表

		Loc			
		{执行宏观调控,执行宏观调控}	{执行宏观调控,不执行宏观调控}	{不执行宏观调控,执行宏观调控}	{不执行宏观调控,不执行宏观调控}
Cen	宏观调控	结果 1 $[f_{Cen}(1),\ _{Loc}(1)]$	结果 2 $[f_{Cen}(1),f_{Loc}(1)]$	结果 3 $[f_{Cen}(1),f_{Loc}(2)]$	结果 4 $[f_{Cen}(1),f_{Loc}(2)]$
	不宏观调控	结果 5 $[f_{Cen}(2),\ _{Loc}(1)]$	结果 6 $[f_{Cen}(2),f_{Loc}(2)]$	结果 7 $[f_{Cen}(2),f_{Loc}(1)]$	结果 8 $[f_{Cen}(2),f_{Loc}(2)]$

结果 1：该种策略组合表明 Loc 完全服从于 Cen 的宏观调控，并执行相关政策，在此基础上能达到均衡。但是对 Loc 而言并不符合自身利益"最大化"的理性选择，该结果不是真正意义上的精炼贝叶斯纳什均衡；

结果2：虽然形式上和结果1有点区别，但和结果1是一样的；

结果3：这种策略组合显示 Cen 和 Loc 的不合作，而且 Loc 强烈对抗 Cen，结果是非精炼贝叶斯纳什均衡；

结果4：其物理意义是指，Cen 选择进行宏观调控的策略，而 Loc 在 Cen 选择执行宏观调控的策略时选择不执行宏观调控的策略，在 Cen 选择不进行宏观调控的策略时选择不执行宏观调控的策略，其均衡结果为｛宏观调控，不执行宏观调控｝，该种结果是可能出现精炼贝叶斯纳什均衡的；

结果5：结果表明当 Cen 选择不进行宏观调控的策略，Loc 选择执行宏观调控的策略，这显然不符合客观现实，其结果是非精炼贝叶斯纳什均衡；

结果6：Cen 选择不进行宏观调控的策略，而 Loc 在 Cen 选择不进行宏观调控的策略时选择不执行宏观调控的策略，在 Cen 选择宏观调控的策略时选择执行宏观调控的策略，其均衡结果为｛不进行宏观调控，不执行宏观调控｝，该种结果也是可能出现精炼贝叶斯纳什均衡的；

结果7：结果表明 Cen 和 Loc 都对房地产市场不进行宏观调控，但这不符合目前住房市场的现状，也不符合中央政府对全国经济形势的预期，造成社会总体福利的损失；

结果8：Cen 选择不进行宏观调控的策略，而 Loc 无论 Cen 选择何种策略，都选择不执行宏观调控的策略，均衡结果为｛不进行宏观调控，不执行宏观调控｝，从客观意义上来讲，该种结果反映的是 Cen 可能会预知 Loc 不执行宏观调控的冲动很强烈而无法控制，从而放弃宏观调控而刺激 Loc 在住房市场中的积极性，最终通过住房市场的发展拉动地方经济的发展。这种结果也可能出现精炼贝叶斯纳什均衡。

通过以上分析，结果4、6、8为精炼贝叶斯纳什均衡的可能选项。表4-4的阴影部分表明中央政府选择宏观调控，地方政府选择不执行宏观调控的均衡结果。这两种均衡结果涵盖了结果4、6、8。

表 4-4 住房市场中地方政府与中央政府宏观调控博弈社会福利模型

Cen		Loc	
		执行宏观调控政策	不执行宏观调控政策
Cen	宏观调控	$A+Q_1-E_1, B-Q_2-E_2$	$A_1-Q_1-E_1, B+Q_2-E_2'$
	不宏观调控	$A-Q_1, B-Q_1-E_2$	$A_1-Q_1, B+Q_2-E_2'$

从表 4-4 的均衡结果来看，中央政府在进行宏观调控时，需要支付调控成本，同时地方政府也要支付不执行宏观调控政策时带来的负外部性成本。而此种结果显示中央政府由于地方政府的不配合而导致宏观调控无法实现，地方政府却在支付外部不经济成本后获得了最大化的利益；而中央政府如果选择不对住房市场进行宏观调控，尽管这会造成社会整体福利的损失，但并不会对地方政府的利益有任何影响。而根据我国的实际情况，阴影部分（$A_1-Q_1-E_1, B+Q_2-E_2'$）的均衡结果与我国现实状况相吻合。但这一策略组合可以被看作是失败的。

我国的住房体制改革根据新公共管理的理念将住房的行政分配改为市场机制配置。在中央政府的推动下，地方政府根据新公共管理的市场化理念，制定了住房市场化改革方向。① 因此，地方政府的各项策略均来源于中央政府以新公共管理理念对住房市场的改革。这也给了地方政府自主发展的空间，同时也产生了地方政府的自利性倾向，使得地方政府能够根据自己的偏好和中央政府的激励机制做出相应的博弈策略。

（3）治理主体在理念上并未形成联合治理的观念

因为多元主体参与到住房市场治理中，需要这些主体协同治理，才能达到治理的效果。这需要治理主体在理念上形成联合治理的观念，但是事实并非如此。其一，处于不同背景、不同结果下，由于反馈不完全，不同行为者的主观主义模式存在差异，政策取向也就不同。在封建社会的影响下，政府存

---

① 具体的住房市场化改革内容的相关论述论可参见胡象明、娄文龙：《住房市场中地方政府的行为分析——基于新公共管理的视角》，《学习与探索》2011 年第 3 期。

在轻民主义思想，难以剔除官员自主性观念，逐渐丧失了公共行政责任，使得住房市场治理不合理，影响运行效率。其二，对于住房市场治理，改革过程中，难以突破传统"代议制"的行政模式，使得公共利益处于尴尬境地。尽管各部门行使自己的职责是代表着广大的人民，实现公共利益，但现实并非如此，特别是在代议制行政模式下，部门利益是各职能部门行动的导向，之所以这么多部门热衷于参与到住房市场中，更多的原因是可以搭车收费，而收取各种费用之后各部门就不再对住房市场的被监管对象进行监管，公共利益因此并无人来负责。

2.政策执行主体之间的合作不足

政策执行是政策制定后的后续环节。政策能否有效执行决定了政策目标能否实现以及实现的程度和范围，这也是政策过程最重要的环节之一。住房市场中政策执行主体也存在着合作不足的情况，表现在以下方面：

（1）执行部门的模糊缺位化

现行的政策制定是在精心设计的政策规则以书面形式固定下来时即告成立的，而公共政策"为了高度概括有关的法律事实，充分反映事物客观的复杂情形，防止以偏概全的弊端，有时不得不使用一些模糊语言"。[①] 为了保护行政机关的自由裁量权，法律、法规赋予行政机关在行政管理中依据立法目的和公正合理的原则，自行判断行为的条件，自行选择行为的方式和自由作出行政决定的权力。[②] 在住房政策执行中，中央和地方政府也只是规定各职能部门的相关权限和大致内容，无法对其进行详细、精确的规定。

例如，2010年住房和城乡建设部、国家发展和改革委员会、财政部、国土资源部、中国人民银行、国税总局、银监委员七部委共同制定了《关于加快发展公共租赁住房的指导意见》。为了落实这一政策，河北省人民政府同年9

---

① 王洁. 法律语言学教程 [M]. 北京：法律出版社，1997：45.
② 王仰文. 中国公共政策冲突实证研究 [M]. 北京：中国社会科学出版社，2011：184.

月也出台了《关于加快发展公共租赁住房的实施意见(试行)》。2011年5月又制定了《河北省公共租赁住房管理办法》,其中第五条规定:"省住房城乡建设部门负责全省公共租赁住房的指导、管理和监督工作。……县级以上人民政府发展改革、财政、国土资源、建设、规划、民政、工商、人力资源和社会保障、公安、监察等部门,按各自职责做好公共租赁住房的相关工作。"[①] 具体如何做好和落实公共租赁住房的相关工作,文件中只是很模糊地要求各部门各施其职,联合负责。而关于各部门间具体如何来相互配合,共同形成合力,并没有进一步的规定,这也就导致了执行部门无法确定自己的职责,具备一定的模糊性和重叠性。其他诸如此类涉及多个部门的政策,执行过程中也通常是"联合负责"。各部门分别应负多大责任没有给出"定量"的标准。所以,语言自身无法克服的模糊性,依然是造成公共政策模糊以及公共政策冲突的重要因素。

(2)执行部门单一化

首先,各职能部门的日常工作都是以该部门的规章制度为依据,和其他部门之间缺乏横向沟通机制。各职能部门的合作局限于人员走动与传达文件,跨级、跨部门之间缺乏信息共享。随着部门的职能范围也越来越复杂,各职能机构无法独自掌握所有的信息,再加上部门主义十分严重,部门间的合作不足,使得跨职能工作基本无法开展。按要素分工的执行部门间一旦其管理活动超出其管理职能范畴,这种注重纵向控制与沟通的模式就会提高沟通成本,降低沟通效果。特别是地方政府各部门在土地管理上仍旧存在多头管理、而执行部门又是单一化的矛盾,这就使得土地管理无法得到最有效的管理。

2008年,农工党中央在"两会"向政协提交了一份提案,其中提出,某省国土部门掌握土地审批权,规划部门掌握项目规划权,建委掌握住房建设权,而省发改委掌握项目投资审批权,虽然该省的指标前置、考核评价等机

---

① 参见《河北省人民政府关于印发河北省公共租赁住房管理办法的通知》(冀政〔2011〕68号)。

制建立较早,土地供应的评估机制、监督机制较为完善,但因建委、规划部门、发改委与国土部门的协同较少,使得这些政策实施效果较差。①

其次,政策执行过程中的合作少。目前的制度导致政府部门负责审批,却不负责监督与管理,审批部门未将任何信息资料提供给执法部门,使得监管效果不理想。甚至某些部门和综合执法部门几乎不配合,导致各自为政与工作脱节现象严重,未建立部门协同机制,为住房市场留下大量违法、违规的管理真空。就出台国家的宏观调控政策而言,须对住房的每个环节进行调控,不同部门与法律之间须加强合作。例如抑制投机性的购房需求,须立足金融角度,控制最低首付款比例,并加强税费的征收、房贷的发放等,直至出台限购政策,方可从根源抑制投机性。但是国家对于抑制住房投机行为的金融、税收、住房市场等制度措施大多是分别规定,制度之间的衔接不够紧密,使得投机者极易寻找法律空隙,增加住房投机行为的打击难度。再如,地方政府在打击住房市场的违法、违规行为时,更多的是通过"条条"管理制度,如国土部门、建设部门、规划部门、工商部门等,形成了各自自成体系的激励和监督制度,使得职能部门与部门的合作、协作难度增加。再加之高层部门间的协调性较差,削弱了基层执法力度。国际社会其他国家在住房市场治理中的经验和教训表明,政府不同部门、不同层级之间如果缺乏统一的、有效的协作,仅靠单一的政府部门,住房市场治理的成效势必大打折扣。

再次,各部门之间标准不一,也使得政策执行无法有效执行。各部门按照自身需求,选择"利己"的政策执行,无法落实其他政策。例如,某国土部门在执行"耕地占补"政策过程中,把某地块以"补充耕地"开发,然而按照林业部门调查,该地块属于林地,调查结果导致两个职能部门的矛盾与冲突。由于科层制政府体系较为庞大、复杂,使得政府各部门之间的合作不足,引

---

① 贾海峰. 节地新政陆续"落地"京商品房用地容积率上限2.8[N]. 21世纪经济报道,2008-06-11.

起政府决策失灵与滞后。①

（3）执行部门职能的缺失化

单一部门的政策制定、执行是我国目前行政体制的特点。但是对于一个多要素、综合性的住房市场，究竟由哪个部门具体负责并执行，并无明确规定。尽管总量控制是我国住房市场调控的一个基本思路，但在实际政策的执行过程中，各个城市的发改委、建委、规划、土地、建设等部门均对住房市场有一定的调控职能，由于"各管一段"，没有一个部门拥有对本地住房市场进行总量控制的能力，市政府也没有明确由哪一个部门对住房进行总量控制。"总量控制是一个十分艰巨而繁重的任务，又是一个得罪人的任务，既然没有明确，就没有一个单位和部门去主动管。"②例如，作为住房建设行政部门的建设部认为房价上涨的主要原因是地价上涨导致房价上涨，而作为国土主管部门的国土资源部则认为地价没有推动房价上涨，房地产的暴利才是房价上涨的根源。从目前已有的研究来看，其实两者都脱离不了干系，但是因为目前执行部门职能的缺失化，无法追究任何部门的责任。

再如，在 2011 年 3 月，中央政府出台房价控制目标，要求各地的房价稳中有降，总共有 600 多个城市提出控制房价的政策。但在 8 月至 9 月，我国二线、三线城市不但未下降，反而显著上涨，国家要求他们执行"限购"政策，然而除了中山、台州、珠海等城市采取了临时限购、限价措施，其他的城市并未实施。若不能实现房价控制目标，究竟应该追究哪一级政府的责任，是追究多级政府的连带责任还是单独追究某一级政府的单独责任，都缺乏可预期性。

3. 政策评估监控主体的空缺化

地方政府在住房市场治理中缺乏有效的监督机制、评估机制。政策评估主体、监控主体主要分为内部与外部主体，当这两种主体均不能发挥应有作

---

① 马维辉. 多头管理源于部门利益作祟 6 部门 6 标准作乱不动产登记 [N]. 华夏时报, 2013-06-20.
② 陈淮, 赵路兴. 房价谁说了算？[M]. 南昌：江西人民出版社, 2005：68-70.

用时，呈现出空缺化的状态。

（1）内部评估监控主体的缺位

内部主体的评估监控更多的是自上而下的，而内部的评估监控呈现出空缺化。尽管中央政府加强了对住房市场调控的深化，但住房市场所暴露出来的问题越来越严重。例如，各城市的"房价飙升"，"高价地王"不断增加，投机性购房现象严重。在这种情况下，2010年国家颁发《关于坚决遏制部分城市房价过快上涨的通知》，明确提出地方政府必须严格履行建设保障性住房、稳定房价责任，强化考核问责，问责的重心放在保障性住房建设和房价稳定两个方面。但是到目前为止，房价上涨过快，保障性住房建设不足，中央政府并没有对地方政府的不配合行为进行具体的问责。其原因在于住房市场的调控涉及地方政府的事权和财权的重新分配，控制房价和加大保障性住房的建设基本上是不可能完成的任务。同时，在住房市场中，地方政府的信息优势十分明显，可通过各种借口进行推脱，某些甚至出现"上有政策、下有对策"的做法。这就使得中央无法对地方政府进行有效的评估和问责。[①] 而地方政府对住房市场的治理则依赖于多个部门的综合执法和配合，但是正如前面所分析，地方政府也无法追究某一个部门领导人的责任。

（2）外部评估监控主体的空缺化

外部的政策评估监控主体则完全是处于空缺。购房者作为住房市场影响最大的群体，是住房市场的最终消费者，也是住房市场最大的利益相关者，理论上购房者这一群体是属于政策评估、政策监督的最有利主体。立足开发商、政府角度，个体购房者属于弱势群体，对公共舆论影响十分有限，不能组织合理的集体行为，对政府、开发商难以增加压力，没有能力对政策制定造成影响，也不能影响政策落实效果。某些房地产企业出现违反买卖合同、不重视社会责任、房地产质量不合格等问题，这些群体也无能为力，只能被动接受住房福利

---

① 朱亚鹏. 我国房地产调控中的问责困境[J]. 学术研究，2012（12）：50-56.

损失。同时,因政府管制新闻媒体,使得社会政府缺乏市场监督、考核问责,地方政府无须面对民意压力,使得住房治理行为形成"无人负责"的局面。

内部和外部主体都无法或无权对地方政府进行政策评估,而地方政府更不可能对自身进行评估,这就导致了地方政府政策评估监控主体的空缺化。

4.1.2 地方政府与公民社会间的选择性协作

除国家、政府外,其余一切民间关系、民间组织的总和组成公民社会,包含协会、NGO、公民自发运动、社区组织、公益性社团等,属于政府、企业之外的构成体——第三部门。[①] 目前,我国正处于社会转型阶段,城市住房问题是长期性、复杂性的问题,需要长期性治理、全面性治理与有效性治理,方可达到综合治理目标。所以,立足大部门角度,地方政府应加强与第三部门的协作,然而地方政府和第三部门之间对接较为生涩,地方政府、公民社会构成利益共同体,或者呈边缘化状态,无法达到理论预期目标。

1. 房地产利益集团可以渗透到住房市场治理的各个环节

由于购房者和房地产企业控制的资源各不相同,住房市场的各种制度和条件安排决定了双方之间的力量对比不尽相同。房地产商控制了更多的资源,如信息资源、经济资源、组织资源、话语资源和联盟资源。[②] 在住房市场治理的各个环节中,房地产协会和房地产商等利益集团可以通过正式制度和非正式制度参与进来,他们利用资本权力把自己的利益诉求衍生到社会生活各方面,如政治、经济、传媒、社会生活,使得住房市场的治理尽可能朝着对自己有利的方面发展,从而获取更多的经济利益。由于房地产商可以用雄厚的资金来掌控社会中的话语权,控制传统媒体和公共讨论领域,并在网上发布有利于自己的文章,掩盖对其不利的信息,所以我们很难在主流媒体上看到购房者们的相关意

---

① 俞可平. 中国公民社会:概念、分类与制度环境[J]. 中国社会科学,2006(1):109-122.
② 王天夫,黄征. 资本与民众:房地产市场的社会冲突[J]. 国家行政学院学报,2008(4):68-71.

见和观点。再加上房地产企业能够为当地政府提供丰厚的税收,地方政府也会有意无意地和房地产企业站在一条战线上,而忽视了购房者的利益。尽管有媒体发表了不少报道,对房地产商和地方政府进行了批评,如《东方早报》2010年1月11日发表的《地方政府对稳定房地产市场责任重大》,《经济参考报》2009年11月4日发表的《不应让房地产成为地方政府的"名利场"》,《东方早报》2008年5月9日发表的《地方政府"救市"或化解房地产调控》,《21世纪经济报道》2008年5月12日发表的《地方政府对房地产救市是场闹剧》等等,但是很难改变这种状况。反而是房地产利益集团频频利用强大的资源来影响政府的决策。例如2003年央行出台一份关于住房信贷管理的121号文件,[①]该文件发布的目的是为了规范住房市场的发展以及防范银行风险的文件。但是房地产企业很快就通过各种途径进行游说,最后借助于相关的职能部门以国务院的名义用一个所谓的住房18号文件[②]所代替。地方政府本来就高度依赖于住房市场拉动GDP和税收的增长,在国务院的18号文件出台后,121号文件名存实亡了。再例如,在2008年,全国住房市场不景气,部分地方政府制定一些"救市"政策,放宽住房市场,期待通过"救市"政策促进住房市场回升,然而因某些地方政府比中央政府更为着急,已经开始想方设法地打擦边球,当中央调控的"靴子"落地时,其他地方政府也迅速地制定了各地的救市政策。房地产商作为中国的特殊利益集团,将企业的商业行为和地方政府的财政收入捆绑在一起,进而成功地俘获了地方政府,致使中央的住房宏观调控政策成了"空调",而广大的普通民众则承担了住房调控成本和不断上涨的房价这双重成本。[③]

2. 非营利住房组织在住房市场中被边缘化

一方面房地产商等利益集团对地方政府影响深远,另一方面非营利住房

---

① 121号文件就是央行印发的《关于进一步加强房地产信贷业务管理的通知》(银发[2003]121号)。
② 18号文件就是国务院《关于促进房地产市场持续健康发展的通知》(国发[2003]18号)。
③ 杨帆,卢周来. 中国的"特殊利益集团"如何影响地方政府决策[J]. 管理世界,2010(6):65-74.

组织在住房市场中被边缘化。在住房市场化改革之前,全国总工会、国家城市建设总局鼓励采用"公建民助""民建公助"等方式,充分发挥公民社会在住房供应中的作用,来增加住房供应,改善住房条件。合作建房成了满足人民群众住房需求的重要形式,各城市合作建房十分活跃。按照相关统计,到1991年,我国住宅合作社达到5000多家,遍布全国20多个省市,建房面积达到1亿平方米,各城市开展的合作建房运动,解决了参与者最迫切的住房问题。例如,1980年至1990年间,北京住宅合作社以自我投资方式,组织个人社员达到2万多人,单位社员约有300多人,自筹资金约20亿元,建房面积约200万平方米,为北京市2万多名职工解决了实际住房问题。在这一时期,集资合作建房的政府主导作用得以充分发挥,单位组织特征较为鲜明。

但是以"市场化"为导向的住房制度改革后,我国确立了以房地产企业为供给主体的住房供应体制。住房政策也在市场化改革过程中逐渐被片面地理解为房地产经济和产业政策,社会性的住房政策被忽略。在住房制度改革的过程中,各级政府部门与各种社会主体在追求各自利益和目标的过程中结成了一个封闭的住房政策网络。[①]尽管住房政策网络中也有许多社会主体,如房地产开发商、住房协会、物业管理公司、建筑和建材公司、房地产中介、研究机构以及普通居民,但是拥有雄厚经济资源和社会资源的房地产商在住房政策领域发挥着较大的影响。例如,他们拥有的住房市场相关经济数据是政府赖以决策的前提,还可以影响住房主管部门、住房协会以及许多学者和媒体等继而成功地影响舆论,同时通过各种渠道影响政府的政策制定。而社会保障部门、普通住房消费者、志愿机构等相关利益主体无法制度化地参与住房政策制定过程。特别是在房价高企的住房市场中,为了破解地方政府和房地产商联合托市的格局,2003年至今,北京、温州等发达城市逐渐有公民通过"个人名义"方式,号召合作建房运动,目前约有30多座城市开展了合作建房运

---

① 朱亚鹏. 中国住房领域的问题与出路:政策网络的视角 [J]. 武汉大学学报(哲学社会科学版),2008(5):345-350.

动,除温州市"合作建房"运动获得成功,其他各地仍然还停留在设想阶段或者是已经完全终止了。因此,地方政府在与公民社会,特别是非营利住房组织合作过程中,实际上仍然处于碎片化的状态。由于公民社会的缺位,住房产品仍然只能由房地产企业供给,购房者只能被动地接受住房福利的损失。

4.1.3 住房市场治理决策机制不完善

住房市场治理决策机制的不完善主要体现在治理主体认知的模糊、决策目标的不一致以及决策内容残缺三个方面。

1. 治理主体对住房市场认知的模糊

主体认知决定着决策。当前地方政府作为住房市场的治理主体存在着对住房属性认知及治理理念模糊的现象。

(1) 住房双重属性之间的矛盾

住房是一件极为特殊的社会公共品,具有双重属性。它既具有使用价值,可以满足人们居住的需要,又因具有交换的价值而成为抵御经济风险的保值商品。因此,住房问题既是经济问题,更是影响社会稳定的重要民生问题。这两种属性本质上就存在着矛盾。在住房货币化改革后,住房不平等状况并没有改变,反之在改革过程中进一步恶化。而其根源就在于,我国的住房市场仅具有住房政策、产业政策,缺乏住房公共政策。[①] 由于住房市场利益关系错综复杂,住房的居住使用属性被不断忽视,住房的商品性被一再强调。[②] 在这一错误的认识下,地方政府也乐于强调买房保值增值。因此,居民的住房问题被看成了一个经济问题,人们普遍认为买不买得起房是个人的事。在发展住宅产业的大旗下,住房成了拉动经济发展的引擎,地方政府和房地产企

---

① 易宪容. 中国住房市场的公共政策研究 [J]. 管理世界,2009(10): 62-71.
② 如某些政府官员、房地产商和学者强调住房的商品性,将房屋看作是消费品,认为购房者买不起房不应该怪市场和政府,只能怪自己的观念有问题。年轻人就该买不起房也不应该买房,而是应该租房或者是去小城市,甚至有学者和房地产商要求取消保障性住房。

业则成了最大的受益者,而居民的住房利益被忽视了。正是由于对住房属性认识的不足,住房这一问题在北京、上海等个别大城市从"买不起房"演化为"租不起房"。①

(2)地方政府对住房市场中公共利益认知的模糊化

住房市场启动后,意外地为地方政府提供了财政收入快速增长的途径。而目前的法律规定,土地具有国家所有权、集体所有权,对于城市居民而言,具有附着土地的房屋所有权。按照公共利益原则,土地所有权可被国家随时收回,归土地财政所有。而"公共利益"本身是个模糊的、无法准确界定的概念。因此,地方政府在住房市场中的任何活动都可以打着"公共利益"的旗号。如在 2008 年住房市场低迷时,就有学者提出了"买房就是爱国"的观点,认为"作为我国经济增长较大原因的两大发动机之一,房地产发动机不能停,房地产崩盘老百姓更买不起房子","保障性住房盖得过多,不是救市,而是砸市"。而这些言论也代表了地方政府的心声。在此之后,合肥市规划局局长王爱华在当地某电视台的节目中公然喊出了"买房就是爱国"的口号。此番言论遭到了社会各界的声讨和批判,住房市场中的公共利益被泛化和模糊化。

2. 决策目标的不一致

(1)中央与地方政府决策目标的冲突

第一,在住房治理过程中,中央政府制定的政策目标变化较大,国家各项调控政策主要为规范地方政府的住房支持行为,地方政府作为国家调控政策的贯彻者、实施者,有效调控政策,必须由中央政府与地方政府共同努力、合作、协调方可实现。②在住房市场调控过程中,中央政府一直在稳定住房价格和促进房地产市场发展、拉动经济增长两个目标之间徘徊不前,如表 4-5 所示。由于外部宏观环境的变化,数轮的房地产宏观调控政策忽紧忽松,中

---

① 从买不起房到租不起房[N]. 人民日报, 2013-06-07.
② 卢卫. 我国房地产宏观调控的政策基点、难点与建议[J]. 中国房地产, 2010(9): 22-24.

央政府偏好多样，有时注重地方拉动经济发展，有时对房价进行打压，具有明显的动态不一致性。①

表4-5 2001—2011年房地产调控的政策和导向

时间	主要内容	主要政策
2001	规范土地使用权	关于整顿和规范土地市场秩序的通知
2002	规定土地出让方式	招标拍卖挂牌出让国有土地使用权规定
2004	加强土地用途管制，提高土地利用效率	关于继续开展经营性土地使用权招标拍卖挂牌出让情况执法监察工作的通知
2005	提高利率和营业税	关于切实稳定住房价格的通知；关于做好稳定住房工作的意见
2006	规定住房产品的面积；提高个税	关于调整住房供应结构稳定住房价格的意见；关于住房转让所得征个人所得税问题通知
2007	限制二套房、提高利息	关于加强商业性房地产信贷管理的通知；国务院关于解决城市低收入家庭住房困难的若干意见
2008	降低利息和税费	关于促进房地产市场健康发展的若干意见
2009	上半年：鼓励购房 下半年：遏制房价增长	进一步加强土地出让收支管理的通知；关于调整个人住房转让营业税政策的通知
2010	加强调控，加大保障性住房的建设	国务院关于坚决遏制部分城市房价过快上涨的通知；关于加快发展公共租赁住房的指导意见
2011	提高利息和房地产税	国务院办公厅关于进一步做好房地产市场调控工作有关问题的通知

从上表中可以发现，中央对住房市场的调控摇摆不定，目标不断地发生变化，大致可分为四个阶段。② 第一阶段：1998—2003年，中央政府实施优惠房贷利率政策，有效延长贷款的期限，大力支持房地产发展。第二阶段：2003—2008年，中央通过提高房贷首付和贷款利率等政策来抑制房价上涨过快。第三阶段：从2008年第四季度至2009年第三季度，中央又通过利率七

---

① 史托斯的动态不一致性理论认为，一个政策在制定阶段应该是最优的，假设没有任何新的信息出现，该政策在制定之后的执行阶段也应该是最优的；如果一个政策只是在制定阶段是最优的，而在执行阶段并不是最优的，政府就不会有积极性真正实施这项政策，理性的私人部门也就不会相信这项政策，则该政策不具动态一致性。

② 韩蓓，蒋东生. 房地产调控政策的有效性分析——基于动态一致性[J]. 经济与管理研究，2011（4）：22-31.

折、首套房贷款优惠及税费减免等政策来支持房地产发展。第四阶段：2009年第四季度至今，中央出台了"史上最严厉的调控政策"，诸如限购、提高房地产税和二套房首付及贷款利率，此举意在抑制房价过快上涨。中央政府的偏好多样，时而强调房地产对我国经济的拉动作用，时而又要求抑制房价。这就给地方政府如何治理住房市场带来了极大的困扰。

第二，地方政府跟中央政府的利益不一致。住房市场化后，住房市场的主体由中央政府转向了各级地方政府。中央政府主要负责对住房市场进行整体的宏观调控，而地方政府则是当地市场治理的主体。新公共管理市场化的理念，使得地方政府产生了利己性。地方政府在中央政府绩效考评体系中的晋升压力下，会尽可能地遵循中央政府的指令，而市场取向的分权化使得地方政府谋求自身利益的可能性与可行性大大提高，同时也带有机会主义的倾向。所以，中央政府的政策和地方政府的利益是否一致，决定了地方政府是否会积极地执行中央政府的各项政策和指令。尽管中央政府在不断出台住房市场的宏观调控政策，地方政府表面上必须保持跟中央的高度一致，但实际上中央政府与地方政府的偏好并不完全相同。

房价问题在中央政府看来更多是民生问题。中央政府从统筹全局的角度出发，希望通过住房改革来解决我国居民的住房问题，强调住房市场的稳定发展。从中央出台的住房调控政策来看，中央政府既希望住房市场能够带动经济发展，也希望在购房者的支付能力范围内保持住房价格的平稳。但是房价问题在地方则是个经济问题。在向市场经济体制的转型过程中，地方政府的特性不断地发生变化，呈现出复杂性和多样性的特征。他们追求经济利益、政治仕途和公共利益。而正是由于地方政府存在着自身的特定利益，所以在转型期，地方政府以竭力扩大其相对独立的地区利益为方式把自己的经济人特性表现得淋漓尽致。[①] 地方政府部门既是住房市场的监管者，又是土

---

① 赵全军. 中央与地方政府及地方政府间利益关系分析[J]. 行政论坛, 2002(2): 17-18.

地批发商,并严重依赖房地产业的相关收入,多重角色集于一身使其在房地产业存在更为显著的利益偏倚。[①] 由于房地产交易中的营业税、契税,土地增值税、土地出让金以及大量行政性收费大部分都归于地方政府,[②] 因此,房地产业方面的收入已成为地方政府财政外收入的重要来源,特别是相关基础设施建设的重要资金来源,有力地支持了地方经济的发展。对于地方政府而言,更希望通过住房市场化获得更多的土地收益和财政收入。特别是在地方政府所承担的事权和财权明显不对等的情况下,中央政府在下放事权的同时,并没有下放财权,进一步造成中央政府与地方政府的权责失衡。但是由此而来的问题是,在现行分税制的压力下,地方政府财政收入比重明显下降,而财政支出的压力却又不断增加。当地方经济无法快速增长以获取足够的财政收入时,土地则成了弥补地方政府财政赤字直接而又迅速的渠道,地方政府也越来越依赖土地财政。从表4-6可以看出,地方政府在住房制度改革后,供地收入逐年上升,最近几年在地方财政收入中的比重也逐渐稳定在50%左右。

表4-6 1999—2011年土地供给收入与财政收入的关系[③]

年份	供地收入（亿元）	地方财政收入（亿元）	供地收入占财政收入的比重(%)
1999	636.655658	5594.87	11.38
2000	781.361511	6406.06	12.35
2001	1513.502877	7803.30	19.40
2002	2750.713416	8515.00	32.30

---

① Rogoff. The Optimal Commitment to an Intermediate Monetary Target[J]. Quarterly Journal of Economics, 1985(10):1159-1161.
② 邹瑾. 从博弈均衡论我国房地产金融监管思路的调整——在政策与实践的博弈中完善规则[J]. 西南金融, 2006(3):15-17.
③ 供地收入没有一个统一的口径。本文的供地收入由地租和土地供给产生的税收两部分构成。地租包括土地出让中获得的出让金、土地租赁中获得的租金以及其他土地供给方式获得的收入;土地供给产生的税收主要体现为耕地占用税和契税。本文参考了俞露(2009)《我国房地产市场中地方政府行为的经济学分析》一文中的相关表格及数据,并在其基础上添加和整理。

第4章 当代中国住房市场中地方政府治理行为存在的问题及治理变革的必要性

（续表）

年份	供地收入（亿元）	地方财政收入（亿元）	供地收入占财政收入的比重（%）
2003	6153.773399	9849.84	62.47
2004	7118.882697	11893.37	59.86
2005	6196.993699	15100.76	41.04
2006	9147.874764	18303.58	49.94
2007	13638.584915	23572.62	57.86
2008	12036.72	28649.79	42.01
2009	19673.77	32602.59	60.34
2010	27464.48	40613.04	67.62
2011	35973.21	52547.11	68.45

数据来源：根据《中国国土资源年鉴》（2000—2012年）与《中国统计年鉴》（2012年）数据整理。

目前，地方政府主要依赖"土地财政"来弥补财政缺口，这使得他们难以放弃高额的土地出让收益。在经济利益的驱使下，地方政府甚至通过"饿地"政策来抬高地价。这样一来，地方政府就能够通过出让同样数量的土地获得更多收入。根据国家财政局公布的2013年上半年的财务报表显示，全国各地的地方财政增幅均出现不同程度的下滑，但是房地产行业的收入成为地方财政收入增加的中坚。我国的经济大省广东省财政厅厅长曾志权在向广东省人大作财政执行情况报告中也称，由于住房市场升温，来源于房地产行业的税收增长较快，贡献了财政收入增量的五成。其中，2013年上半年广东省契税完成169.68亿元，比去年同期增收58.14亿元，增长52.13%。与之相对应的是2010年出台的580万套保障性住房建设任务，除建设资金需要的4000亿元之外，土地的无偿使用将减少地方政府土地出让收入2500亿元，税费减免将减少地方政府收入1500亿元，2009年地方财政收入总计32581亿元，4000亿元的资金缺口占地方财政的12%，这将使得原本就不宽裕的地方政府更加捉襟见肘。①地方政府对住房市场的依赖由此可窥见一斑。而住房市场的发展则为地方政府带来了丰厚的财政收入，举办各种公共项目、民生工程所需要的开支，以及地方政府领导者政治晋升的资本。如果两者不能简单平衡，"民生"将让位于"经济"。

在房价的上涨过程中，地方政府是主要受益者，这也导致了地方政府与开发商能够形成利益联盟。房价上涨得越高，双方获得的利益越多，反而与中央政府"貌合神离"。因此，当房价上涨过快成为政治和经济问题时，中央政府就会出台一些稳定房价和解决住房短缺的调控政策，地方政府对此热情度并不高，缺乏贯彻实施的动力，或者不配合实施，大大影响了政策效果。而当中央政府一旦出台鼓励住房市场发展的刺激政策时，地方政府则会更大力度地予以支持和刺激。地方政府对中央政府调控政策的不配合大大抵消了政策效力，甚至成为中央政府实施下一轮相机抉择的起点；而过于大力度的配合则过于放大了政策力度，影响了中央政府调控政策长效机制的建立。如在中央政府要求房价上涨过快的一些重点城市出台限购政策，限购政策出台后导致了当地的住房市场量价齐跌，于是有些城市就想方设法出台地方性的政策来放松限购。如2008年住房市场不景气时，一些地方政府在国务院颁布《关于促进房地产市场健康发展的若干意见》（又称131号文件）之前就出台了救市政策，给住房市场松绑，希望通过出台的政策带动住房市场的回升。而当国务院出台131号文件之后，其他地方政府也迅速地制定了各地的救市政策。地方政府的种种行为在此种解释下就不难被理解了。再如2011年10月11号佛山市发布了"放宽限购政策"后12个小时被紧急叫停，被称为史上最短命的政策。其后还有珠海、芜湖市等地也试图发布类似的文件，也被中央紧急叫停，出现了奇怪的"短命政策"现象，如表4-7所示。再到如今的住房市场不景气，不少地方政府都在蠢蠢欲动，意欲为本地的住房市场松绑。

---

① 房地产行业系列分析之四：土地篇[M]．北京：中国国际金融有限公司，2010．

表 4-7 各地被叫停的房地产政策一览表

城市	政策或内容	出台时间	叫停时间	叫停原因
佛山	关于进一步加强我市房地产市场调控有关问题的通知	2011年10月11日	12小时后	限购松动
成都	在房产证登记发放时核查购房者的资格，转交由开发商和房地产中介执行	2011年11月1日	7天后	变相松动限购令
中山	将商品房限价从每平方米5800元上调至6590元	2011年11月10日	51天后	放松限价令
芜湖	芜湖市人民政府印发关于进一步加强住房保障改善居民住房条件的若干意见的通知	2012年2月9日	3天后	未明确界定补贴首套房
上海	持上海市长期居住证满三年的外地户籍居民可购买第二套房产	2012年2月1日	27天后	限购松动
石家庄	人均住房面积低于30.6平方米的市民将允许购买第三套住房	2012年5月31日	7天后	限购松动
重庆	提高贷款额度	2012年5月28日	6天后	补缴余额尚未有先例
湖南	降低首套房首付比例，减免相关税费	2012年5月29日	1天后	限购松动
河南	首套房"认房不认贷"放松开发贷和公积金贷款	2012年6月24日	未执行	打破"认房又认贷"
珠海	缩小限购范围，限价也"不再是调控主要手段"	2012年7月13日	5小时后	限购松动
扬州	对其个人购买成品住房，给予奖励，最高可达千分之六	2012年5月7日	2小时后	限购松动

资料来源：根据相关媒体的报道整理所得。

第三，不同区域的住房市场发育不同，治理的方式也不一样。同样，住房市场属于区域性市场，处于不同区域，因城市水平、人口密度存在差异，住房价格差异也较为明显。某一特定区域的住房，由于地理位置与基础设施不同，价格也存在较大波动。这种局面使得统一的宏观政策难以适用于全国的住房市场。所以，对于住房市场的调控，省级政府与地方政府的作用十分重要，中央调控政策效果怎样，取决于中央政府是否能够更好地限制地方政府行为。理论上，若要合理约束地方政府，中央必须尽可能细化政策，收回地方政府的自由权、裁量权，采用同一标准，对地方政府行为进行衡量和评价，但这明显与地方差距大的情况不相符。所以，中央制定政策时，需给地方政府预留适度的自主空间，否则会增加地方政府的不配合性，给住房市场调控造成阻碍。[①]

（2）地方政府各部门间的治理目标不一致

中央和地方政府间对住房市场治理的利益分歧在各文献中已经分析得较为充分。但是对于地方政府而言，其下属各部门并非是一个有机的整体，同样也存在着部门间的利益冲突。在地方政府组织内部，其资源、权力较为零碎、分散。从部门层面来看，各职能部门尽管隶属于地方政府，但是在业务指导上需要遵照各中央部委的相关指令、文件。对于各部门的复杂关系，资源与权力的分配，如何进行协调与处理，是当前住房市场中需要着重解决，但是又尚未解决的问题。因此，各职能部门间面临着严重的"条块分割"。例如国土管理部门负责土地的供应以及其用途，规划部门负责项目的规划，房管部门负责房地产项目的开发和住房市场的秩序维持，工商部门负责房地产销售的监管，物价部门负责房地产价格的规制和备案。由于是按照房地产市场的不同环节来划分部门的职责，各部门的治理目标并不一致。国土部门的目标是为了保护耕地、合理利用土地，规划部门是为了保证城市规划的整体性、完善性和协调性，房管部门是为了保证房地产市场秩序的良好运行和住房产品的供应，工商部门的目标是监管房地产企业的销售是否符合商业伦

---

① 建设部部长：地方政府不配合房地产调控难见效 [N]．第一财经日报，2006-12-01．

理，物价部门则是对房地产的售价合理性进行审核。因此，这样导致了不同的部门只是对自己部门负责，无人对整体的住房市场负责。

（3）地方政府各职能部门之间的目标冲突

地方政府的各职能部门是按照单项和单要素的原则进行设置的，每个部门都根据自己的工作需要进行管理。但是这就会引起不同部门之间的职能冲突。例如，国土部门的职能更多的是对土地的合理保护和集约利用，对土地总量的供给进行控制，而建设部门则将房价上涨归因于土地供给过少，两个部门之间更是经常打口水仗。按照北京大学房地产研究所所长陈国强教授的统计，土地供应规划和住房建设规划上就存在着严重的脱节。从全国看，这个比例仅为20%~30%。[①] 也就是说，每年新增的土地中，工业用地、商业服务用地等非住宅用地占据了大头。而住房建设的土地供应过少直接导致了住房供应量与住房需求之间的矛盾。因此，对于国土管理部门而言，加强土地的集约利用无可厚非，但是这也导致了建设部门无法提高住房的供应数量。

各部门职能的冲突还表现在相关规划缺乏融合。目前，各部门都会出台自己的规划，例如《城市发展规划》《土地供应规划》《房地产发展规划》等。各个规划表现出明显的分割倾向，相互之间缺乏融合，使得城市规划、土地规划和住房规划有不同程度的脱节，也导致了住房市场治理的困难。

3. 决策内容的残缺

（1）对住房权认识上的误区

不少政策制定者在住房权认识上存在一定的概念误区，通常把住房权力与住房救济对等，窄化了住房权内涵。所以，许多地方政府在政策制定过程中，认为大部分居民通过住房市场就可满足住房权，仅关注被排除于市场外的社会群体。所以，对于住房政策制定者而言，他们只制定住房保障、产业

---

① 李松涛. 住宅土地难增加成房价上涨理由之一 [N]. 中国青年报，2013-08-06.

调控政策。然而，他们只是以"经济学"角度制定住房政策，未以"人权"角度分析住房权。住房保障、产业调控是国家为实现"公民住房权"的义务，而实现"公民住房权"属于一个内涵十分丰富的过程，各级政府工作报告、会议文件所包含的住房权力内容，决策者大多主张保障性建设，确保公民住房权，解决低收入人群的住房问题。由于这种观念影响，使得政策制定无法关注那些无能力购买商品房，同时也不具备保障性住房申请资格的人群。

（2）住房产品设计的缺失

政府对于住房市场定位的不准确，也导致了住房产品的缺失。1998年下半年住房市场启动后，中央政府将住房改革的目标定位为"以经济适用房为主体的多层次的住房供应体系"，但是由于特定的历史背景和当时爆发的金融危机使得这一决策被逐渐摒弃。商品房逐渐取代了经济适用房成为住房市场的主体，直到2008年，保障性住房的重要性才被逐渐认识。在中央政府进一步提出要加大保障性住房的供给，并将其纳入地方政府的绩效考核体系中之后，地方政府才逐渐开始重视保障性住房的建设。而保障性住房的数量占住房市场的极少部分。住房市场中的住房产品仍然以商品房为主。随着房价的一路走高，普通商品房也变得不普通了。在房地产广告中，商品房逐渐演变成"奢侈品"和"珍藏品"，而房地产商更是宣传只为少部分人盖房子，并将其产品定位为高档商品房，以至于建设部不得不出台"90/70"的政策来干预房地产企业具体的经营行为。

4.1.4 住房市场治理运行机制不健全

1. 政策运行机制自身不协调

政策运行机制，是指在空间分配与重组、空间展开与运动时，各种政策要素的分配方式、分配比例、组合结构比例与发展变化，均会直接影响政策执行进程,在空间上体现了政策运行协调性。① 制度性因素是影响政策运行的最主要因素。其中,住房市场的多头管理、信息不能共享、利益导向等导致了运行机制的碎片化。

（1）多头管理导致政策运行不协调

政策目标的实现,既包括政策执行主体依据其法定职权来履行的职责,同时也包括政策执行主体依据政策赋予的新职权执行政策。不管是前者还是后者,由于政策执行主体之间的职能交叉或职能重合,客观上造成多头管理,而多头管理的表象是推诿扯皮,其结果是效能抵消,严重破坏了政策运行的协调性。

（2）信息不能共享导致政策运行受阻

对于住房,不能出现平均化与两极分化现象。所以,地方政府须掌握住房基本信息,摸清住房的基本状况,方可实施有效调控。各职能部门之间应加强协作,共同调查住房情况,动态化跟踪和更新住房信息,确保信息获取的便捷性,使住房信息得以有效传播,这是住房资源优化、合理配置的前提条件。

不同行政区、不同部门,由于信息无法实现真正共享,信息交流渠道不通畅或缺乏,降低了管理效率,增加了管理成本,使得管理决策信息平台呈现破碎化。因部门以利益为导向,各职能部门将部门信息作为财产管理,不同程度地封闭数据信息,难以有效整合各项数据与信息。部门化管理、分割式管理模式,使得数据信息重复采集率较高,明显增加了管理经费。

（3）部门的利益导向导致政策运行机制不畅

住房市场涉及多种要素,如土地、工程建设、资金、税收等。而这些要素分别由不同的部门负责,这就使得住房市场作为一个完整的流程被割裂成了多个环节。因部门主义、专业分工,各级部门主张扩展功能,特别是某些"利益功能",尽量增设。其他部门也按照同一逻辑,通过横向职能作用,围绕

---

① 汪玉凯. 公共政策［M］. 北京：中国人事出版社,2007：73.

单一职能建立独立性服务体系。官僚制结构主张权力等级、纵向层次，根据职责同构方式，垂直上下对口，对职能部门进行设置，导致公共部门出现整合困境、权责不清、权责分散等局面。特别是因为住房市场的高额利润，每个部门都希望从里面分一杯羹，这更加加剧了住房治理政策运行中的各自为政，住房治理的运行机制不畅。

还有其他方面的制度不够健全，也导致了住房治理机制运行不够通畅。例如，我国没有建立合理的资金筹集机制，人口信息统计较为困难，政策信息统计难度较大，资金来源十分有限。在政策运行过程中，由于利益目标导向，各区域合作与各部门缺乏有效合作，不健全的政策运行机制与管理机制，导致产生职责不清晰、管理多头化现象。尚未建立高效性与专业性的治理人才队伍，缺乏完善的人员考核与人员激励制度。另外，政策方法与政策手段有待创新，运行机制的多种问题，导致治理政策处于"空心化"状态，对住房市场治理的整体性与持续性、有效性与公平性造成严重影响。

2.政策环境中相关政策、法规的碎片化和模糊化

如前文所分析的，在住房市场治理的实践中各部门尚未形成有效治理的共识，主要原因是地方政府组织管理原则和制度存在着碎片化和模糊化。

政策环境中相关社会政策、法律法规较为模糊，存在碎片化问题，对住房市场治理政策产生直接冲突，并影响政策的实施效果。中央政府对住房市场日益重视，也不断对住房市场展开调控，但是运用更多的是行政性的文件和命令，而地方政府只能依据中央的精神和文件开展相关工作。究其原因，就是相关的政策法规的碎片化和模糊化。

（1）政策、法律和法规方面的碎片化和模糊化

各级政府部门都是从自身的部门利益需要出发，以给本部门带来利益最大化为原则来制定部门的政策、法律和法规。目前我国有关实现住房市场治

理的规定,比如法律法规、政策性文件、地方性规章、部门规章等较为分散。立足法律层面,我国现行《城乡规划法》《土地管理法》及《城市房地产管理法》等法规,规定了住房建设等问题。然而,在《城市房地产管理法》中,仅有四个条文专门性规定住房问题,主要包含公益征收保障、居民住房原则、住房税收优惠、土地使用权出让等原则规定。在《土地管理法》中,仅有两个条文专门规定了住房问题,主要包含农村宅基地的问题规定。在《城乡规划法》中,仅有一个条文规定了住房问题。对于住房市场治理,我国法律缺乏确立性、针对性,严重影响了政府职能的作用。从部门规章、行政法规角度,中央虽出台了许多关于"住房权"的规定,主要包含住房公积金、税收、土地、租赁、经营、管理、规划等内容,在住房市场治理中,属于地方政府权力的主要来源。在地方性法规和规章层面,地方政府按照国家的相关法律规定,考虑实际状况,就住房问题做出具体规定。① 同时,中央政府和地方政府颁发了许多住房保障与限购、土地财税与金融等政策性文件,这些法律制度基本立足于国家政策、部门规章与行政法规层面,导致政府主要依靠政策办事,无法充分发挥法律的有效指引作用,降低了制度实施效果。这些碎片化的政策、法律和规章,无法形成科学、合理、统一的利益协调和分配机制。再加上又涉及跨政府组织、跨部门的公共事务,就很难达成共识。

(2)我国法律中尚无地方政府负总责的规定

尽管住房市场是一个区域性的市场,地方政府在住房市场的治理中起到了决定性的作用,中央政府也规定了地方政府在住房市场调控中负总责,②但是房地产调控地方负总责的文件性质,同其他的地方政府规定类似,是一般性文件。文件尚缺乏规范性,主要以国务院颁发的为主,少量文件由党中央与国务院共同颁布,由于涉及中央与地方的土地与财政、经济发展与民生

---

① 孟庆瑜,陈雪.《住房法》立法问题研究——一种基于人权保障视野的整体性法律解决方案[J].河北大学学报(哲学社会科学版),2012(1):59-69.
② 慈冰,胡雯."双轨房"难局[J].财经,2011(6):70-78.

和谐的长期关系，必须明确地方政府的权利与义务，清晰责权利，方可科学处理各方关系，确保中央政府与地方政府的协同发展。如果规范性文件缺乏"地方政府负总责"，单纯依靠法律规范调整，极可能使得住房调控政策逐渐形式化。

因为相关政策表述的模糊化，可操作性较差，使得内部政策与外部政策之间的衔接出现碎片化，所以，对于住房市场治理，须立足整个社会的宏观调控政策，强调统一性、平等性原则。

3.外部环境制约着住房市场治理政策的运行

目前我国政治、经济、文化、社会及人口环境中均不同程度地存在着影响住房市场治理的不利因素，而这些外部环境对住房市场的需求结构、发展趋势起着不可忽视的作用。

（1）政治考核中的经济增长偏好

中央对地方官员的政治激励仍然以经济增长绩效为主，任期内良好的经济增长绩效能够显著提高其晋升和连任的概率。学术界也将这种官员之间的竞争称为晋升竞标赛竞争模式。[①]因此，在晋升锦标赛竞争模式过程中，地方政府需要一份漂亮的成绩单来提高自己的政绩。而住房市场的发展能够促进房地产行业以及拉动下游的数十个相关行业，并刺激当地的经济消费，无疑能在短期迅速地为地方政府的执政者们带来GDP和地方财政收入的快速增长。这也是地方政府为什么纷纷将房地产行业当作本地支柱产业的一个重要原因，而从官员的口中喊出"买房就是爱国"的口号就不难被理解了。

（2）宏观经济形势也影响着企业和个人的投资行为

一方面，我国经济经历了数十年的高速发展之后面临增长拐点，人民币对内不断贬值，对外不断升值，以及出口形势不景气，很多企业利润率不断

---

① 周黎安.晋升博弈中政府官员的激励与合作[J].经济研究,2004（6）：33-40.

下降。而另一方面是以住房为代表的资产价格在不断上涨,这就导致了一些中小民营企业家在整体经济环境不景气的情况下,放弃了自己的实业,或者是表面上投资企业,实际上只是维持企业的正常运营,转而将资金投入住房市场进行炒房,这也一定程度上刺激了住房需求的不断上涨。如媒体所报道的,一些企业家辛辛苦苦干了一年所挣的利润,还不如其配偶炒一套房一年所挣的钱多,这也更加反映了实体经济的不景气和住房市场的暴利。[①] 因虚拟经济、实体经济的影响,许多民营企业逐渐脱离实体产业经营,而大力加入房地产投资大军行列,许多资金流入住房市场,进一步推动了房价上涨的趋势。

(3)社会环境对住房市场也造成了很大的影响

我国传统的"安居乐业"思想、对不动产的偏好,加上租房市场的混乱,使得现在普遍形成了一种观念,那就是只有拥有自己的住房才能安家立业。于是一些"婚房刚性需求""丈母娘经济"的概念在各种炒作下蜂拥而出。在这些心理作用下,无论是有房一族还是无房一族,老百姓有了一定的资金后都会想方设法进入住房市场中,加剧了住房市场供需失衡,从而导致中央政府所出台的住房市场降温政策无异于杯水车薪。根据北京大学发布的《中国民生发展报告2013》中,课题组对全国家庭跟踪调查显示,在所覆盖的家庭样本中,78%的家庭拥有1套住房,12%左右的家庭拥有2套及以上住房,只有10%的家庭不拥有产权房。

国人对住房的狂热需求不仅仅局限于国内,我国部分的购房者甚至将购房需求转向国外,包括美国、澳大利亚、新西兰、加拿大等地方。国外一些城市的房价甚至因为华人旺盛的购买力而不断飙升。因此,要想抑制住房市场不合理的住房需求,还需要改善这种不合理的社会环境。

---

① 温州太太炒房团袭来:办厂难不如炒房挣钱 [N]. 钱江晚报,2009-08-25.

4.1.5 住房市场治理评估和监督机制空缺化

按照公共政策的程序,各项政策在制定和执行后还需要对其进行评估和监督,以防止政策执行过程中走样或者变异,而政策评估和监督是政策执行后的必要过程和步骤。但是在住房市场的治理过程中,各级政府并无治理评估和监督机制,基本上处于空缺化的状态。

1. 住房市场的治理缺乏有效的政策监督和评估主体

不管是内部主体,还是外部主体,均应承担地方政府评估、监督职责。如上文所述,评估主体与监督主体不明确,导致碎片化。一方面,因我国选拔制度是"由上至下"的任命机制,地方政府是中央代理人,按照"委托代理"观念,委托人努力程度、信息不对称问题,均影响了考核效果与监督效果。另一方面,外部评估监控主体在地方政府面前更加无能为力。这也导致住房市场的治理效果无法评判,也无人对其负责。即便是出现了违法行为,由于没有有效的监督机制,违法主体也不会受到惩罚。

2003 年,我国国土资源公报报道,全国共发生 17.7 万起土地违法案件,其中党纪政纪处分 925 人,刑事追究 132 人,经过换算,党纪政纪处分比例为 5.2%,刑事追究比例小于 8/10000。① 在此之后所查处的官员腐败案中,也极少是直接由于官员在住房市场中违法乱纪行为被查处的,不少是由于其他案件才牵扯出房地产腐败案件。这样的约束体制下,地方官员基本上没有任何事前、事中和事后的监督和惩罚措施,他们在住房市场中的行为往往表现为风险中性甚至风险偏好。

2. 对住房市场评估和监督的认识不够

现阶段中央与学界对政策评估尚无统一认识,包括评估方法、目标、标准、

---

① 南京市统计局. 南京市统计年鉴(2002—2007)[M]. 北京:中国统计出版社,2008.

对象等都有待明确,政府也尚未公布相关科学评估结果。地方政府是住房市场调控的责任主体,虽然"新国八条""新国十条"都提倡省级政府负责住房保障、稳定房价工作,然而尚未规定怎样追究地方政府的组织责任和领导的个人责任,仅一条"保障性住房、房价稳定工作不力"空泛性的规定。而房价上涨在多少幅度以内,保障性住房建设总量是多少,每一年应达到什么标准都无细致的规定。没有细致的规定,意味着政府职能部门缺乏可操作性,也无法判断地方政府在其中明确的义务和标准规定。因此,即便地方政府达不到最基本的要求,也无法追究地方政府的责任,这就使得这种问责制流于形式,无法落实。地方政府可能采取的策略是继续观望,又或者是制定局限于地方利益的政策。[①]而事实上,在"新国十条""新国八条"出台后,地方政府确实也制定了各地的调控政策。其中中央政府要求各地方政府制定本地的房价控制目标,如多数选择的都是与GDP挂钩,人均可支配收入未直接挂钩增长速度,几乎将房价控制目标与居民支付能力挂钩。同时,可操作性较差,问责程序较为模糊,使得问责制度很难落实。即使中央主张地方政府承担调控后果,由于调控内容、调控目标缺乏,未明晰责任程序,问责内容未具体规定"谁问责、问责谁、怎样问责、问责机制"等,导致问责处于"无人负责"的局面。[②]

3. 住房市场评估和监督的体系不够明确

相比较政策制定和政策执行,住房政策治理缺乏监督机制、反馈机制。我国政府尚未建立规范化的监测评估体系,也未建立统一的信息系统,使得国家部门难以准确掌握住房市场的真实效果和治理状况。

住房市场治理的公共政策是一种稀缺资源,只有通过政策评估系统的科学评估,才能明确现有的政策在资源配置方面是否合理有效,也才能以有限的资

---

① 曹军新,胡峰松. 房地产调控的地方政府功用及其纠错机制[J]. 改革,2012(4):16-22.
② 朱亚鹏. 我国房地产调控中的问责困境[J]. 学术研究,2012(12):50-56.

源获取最大的政策效益。而政策系统的良性运行和政策目标的实现，减少政策失误，避免政策执行中发生变形，都需要政策监控和反馈系统来保证。因此，对于住房市场的治理，一个完整、高效和科学的政策评估、监控体系有待建立。

4.1.6 住房市场治理效果不佳

治理效果是衡量政策质量的重要标志。因整体性治理理论提倡政策目标导向，因此重视政策治理效果。治理的最终结果应该对照政策初期制定的目标，以确保政策执行的导向性，防止出现执行偏差甚至是执行失败问题。如上所述，在住房市场治理中，治理主体与内容、评估机制、运行机制与监督机制存在不同程度的问题，使得治理效果不太理想。

我国各界、国际社会等十分关注住房市场问题，政府也出台了许多住房市场治理政策，但治理效果较差，住房市场产品不完善，居高不下的房价以及低收入阶层的住房福利受到严重的挤压，住房不平等现象在政治、经济、文化等社会领域方面较为普遍。正如本书第 3 章中所分析的，治理效果的不佳表现在房价过高，已经严重超过了购房者所能承受的范围；住房市场的垄断结构，导致房价不断上涨；住房市场的产品结构不合理，保障性住房严重缺失；住房市场中信息混乱，政府在这方面做的努力远远不够；房地产企业在住房市场中的违法行为屡禁不绝，甚至某些政府部门成了违法乱纪的主体。正因为如此，住房问题也成了我国民众茶余饭后讨论的热门话题，学术界和民众普遍认为地方政府对住房市场治理的效果不理想。

4.2 地方政府对住房市场治理变革的必要性

住房是人类"衣食住行"中最基本的生活用品，也是人类生存和发展的基本物质条件之一。因此，"居者有其屋"也是人类社会经历了数千年的发展后所追求的社会理想,各国政府都将保障公民的"住房权"纳入了政府的管理职能。地方政府在住房市场中的各种行为,其目的应该是为了实现全体社会的公共利益,增加社会的住房福祉。特别是我国的传统文化就强调安居乐业,住房对于中国家庭而言承载着丰富的内涵。再加上住房的属性是生活必备品之一,居住权也成为公民的基本权利。因此,所有参与到住房市场中的政府部门,应该以保障公民的"住房权"和增加公民的住房福利为其行为准则,尽量配合其他部门来共同实现这一目标,最终实现全体居民的安居乐业。但是从以上的分析来看,地方政府对住房市场的治理存在着种种不足,因此必须变革地方政府在住房市场的治理行为。

4.2.1 解决多头管理的弊端需要变革地方政府的组织结构

整体性治理立足组织结构角度,包含传统的由上至下,横向功能结构、纵向层级结构的协调发展,机构重组、组织设计等方面,需消除部门效益,防止各自为政的问题,提升不同层级、不同部门、不同政策的适应与应对能力,对社会与住房市场的横向关系进行调整,发挥政府的纽带作用与战略协作作用,建设政府、社会、市场三者协调合作的住房市场治理网络。[①] 整体性治理中强调整合政府组织结构,而我国住房市场治理中的政府部门设置过多,层级过长,需要改变这种多头管理的现状。

为了保证住房市场共同治理目标的实现,大部门管理的组织架构是今后政府改革的趋向,需吸取整体政府体系中的公共服务理念,提倡大部门体制,延伸职能范围,扩大组织规模,有机归并与整合相近政府职能,对政府机构进行综合设置,完善部门协调机制、配合机制,防止出现权限矛盾、机构职责重叠等问题,促进政府过渡至大住房管理,为住房市场治理创建一套符合整

---

① 刘伟. 论"大部制"改革与构建协同型政府[J]. 长白学刊,2008(4):45-48.

体政府标准的组织、机构框架。

4.2.2 地方政府需要借助信息手段来治理住房市场

随着计算机技术的不断发展，网络技术逐渐应用于各个领域。各政府部门利用网络技术，实现了协同办公、信息传递，实现了跨级、跨部门的信息共享、目标交换与目标兼容，转变了传统等级结构关系，解决了条块分割问题，可以防止传统行政的不作为、腐败问题。另外，利用网络技术，实现整体政府行政程序、行政业务处理的透明化。政府利用网络，向公众提供网上办理、信息互动等服务，实现了政务公开，使公众能够更便捷、更方便地掌握相关信息，进而提升政府公共服务质量与效率。

住房市场治理中的政府间沟通不畅、协调不便，可以运用信息技术来予以弥补。从技术手段而言，建设整体政府，需重视应用先进技术，建设管理信息系统。在具体操作过程中，创新公共服务的供给技术，通过对多种技术手段提供公共服务，有效推进公共服务信息网络建设，促进在线服务与电子政务建设。强化公务人员的通信技术、现代信息意识，树立以民为本的公共服务理念，实现先进服务技术，有效链接先进服务文化。

因此，住房市场治理也应该采用一站式服务的方式，统一业务相关处理部门，在同一流程上进行整合，促使完成各项业务各功能环境、职能部门、机构、人员、资源的优化整合，建立一个系统性的业务处理流程，有效打破传统部门界限，通过网络化协同，促进跨部门办公。减少行政审批项目，强化审批监督，通过先进的行政管理理念、信息技术，建设行政服务，使住房市场业务流程得以优化，在统一平台中集成各部门的行政审批流程，构建政府论坛、政府网站，创建虚拟工作平台，实现各公共部门人员的迅速反应，实现政府工作的整体性与协同性。

4.2.3 地方政府需要学会与公民社会合作

治理具有共同指向：其一，公家与私有的新型关系模式；其二，促进组织间的平等关系；其三，处理功能模糊、边界模糊的新方法。整体性治理理论不仅重视政府组织内部关系的协调与整合，更强调与政府组织部门之外的私营部门和志愿性部门之间关系的建构，并援引新涂尔干理论（neo-Durkheimian theory）对公私部门间合作的重要性与困难程度予以诠释。根据 Wilkins 的观点，组织分化的回应，必须建立于顶层支配的实践、结构，以政府性报告、整体性计划进行安排，为公众提供一站式服务。把联邦政府、州政府、地方政府与非政府人员，共同纳入同一组织，实现政府的创新与协同，考虑各组织的多种伙伴关系。在地方公共服务体系中，地方政府不再承担垄断角色，打破政府的公共物品的"唯一性"局面，向非政府组织过渡某些公共服务职能，进而实现公共服务的新型政府与民间的合作形态。[①]

随着我国市场经济的不断发展，公民社会也在不断发育和成熟，特别是在环保、教育等方面取得了突出的贡献。住房市场化后，私营部门取得了快速的发展，并在住房市场中起着举足轻重的地位，但是公民社会在住房市场中的作用不断弱化并被边缘化。出于现实考虑，在住房市场治理时，政府虽处于主导地位，但对公众作用的发挥也不排斥。相反，只有充分发挥了公民社会和市场力量的作用，政府才算真正起到了这种主导作用。因此，住房市场中的政府治理更要学会与公民社会合作，发挥不同主体的优势，这样才能使住房市场不断成熟和完善。

4.3 本章小结

碎片化分析结果表明，在住房市场治理过程中，由于决策、运行、评估、

---

① 胡佳. 迈向整体性治理：政府改革的整体性策略及在中国的适用性 [J]. 南京社会科学，2010（5）：46-51.

反馈、监督等机制存在不同程度的问题，政府和公众之间缺乏协作，导致政策治理效果不佳，严重影响了政府与政府之间的合作、政府与公众之间的合作，增加了住房治理成本，使得治理效率明显下降。

通过对我国地方政府在住房市场治理进行实证研究表明："碎片化"治理存在于治理的各个方面。首先是治理主体的合作不足。地方政府在政策制定、政策执行和政策评估监控方面都存在着不同程度的合作不足。其次，地方政府与公民社会之间的选择性协作。房地产商及其协会可以借助其拥有的丰厚资源，利用各种正式渠道和非正式渠道影响政府对住房市场治理的各个环节。而代表广大购房者的非营利住房组织在住房市场化中逐渐被边缘化了。再次，决策治理机制的不完善。治理主体在认知上、决策目标以及决策内容几个方面都存在着缺陷。第四，政策运行机制的不健全。政策运行机制自身不健全，政策环境中相关政策、法规的缺位和模糊化，外部环境制约着住房市场治理政策的运行。第五，治理评估和监督机制的空缺化。在住房市场的治理中，没有任何外部主体来承担住房市场治理评估和监督这一职责。而且中央对这一问题在制度上设计也不够完善，尽管对地方政府提了种种要求，但并无明文的规定对其进行约束和问责，最终这些要求也不了了之。更为重要的是，住房市场评估和监督的体系处于空心化状态。根据前面的分析，正是由于治理的各个环节出现了不同程度的问题，治理的效果也必然不会太理想。

第5章 住房市场中地方政府行为分析：以北京市为例

在经历数轮的住房宏观调控之后，中央政府对住房市场调控在稳定房价和拉动经济增长两者间摇摆不定。特别是在经历了2008年4万亿元的经济刺激政策后，房价迎来了新一轮的疯涨，北京的房价无论是成交量还是成交价格上均出现了大幅度的增长。中央政府终于意识到住房市场的问题所在，从2009年下半年以来确定了住房调控的方向，"从严调控，稳定房价，抑制住房市场的投机性需求，促进住房市场的平稳发展"。在此背景下，地方政府又究竟是如何对本地的住房市场进行治理的呢？本章以北京市配合中央政府对本地的住房市场进行治理为例，通过实证研究的方法，来发现地方政府在住房市场治理中存在的问题。选择北京市有如下几个原因：第一，北京市作为我国的政治中心，地域上和中央政府重叠，在政治上跟中央政府保持高度一致。在公共管理方面，北京市2011年的公共服务水平在全国已经排名第一[1]。第二，北京市的经济高度发达，房地产行业中将北京看作是一线城市，[2] 其住房市场也高度发达。第三，北京市政府的信息公开程度比较高，能够较为方便地查阅到相关的文件和报道。根据北京大学等多个科研机构对我国30个省级行政单位的信息公开情况调查后发布的《中国行政透明度报告》相关数据显示，2010—2011年度，北京市和江苏省并列第一；2011—2012年度，北京市排到了第一。基于这几个方面的原因，本书选取了北京市作为实证研究的对象。

---

[1] 北京市公共服务水平全国领先 [N]. 北京日报, 2011-11-07.
[2] 一线城市是一种非学术范畴的经济概念，指房价较高的城市，也指在商业活动中，具有重要市场地位的城市。其中北京、上海、广州和深圳这四个城市被看作是内地房地产的一线城市。

5.1 2009年以来北京市政府对住房市场调控的案例介绍

政府职能的实现是一个规范化、制度化的行为或者过程。[①] 政府行为是一个抽象的概念，政策制定和执行是政府的具体职能表现，政府出台的各项政策无疑可以反映各政府的行为导向和具体的工作内容。因此，本部分着重于调查和收集中央政府和地方政府在住房市场所出台的各项政策，以此来反映地方政府如何对住房市场进行治理。

中央政府从2009年下半年以来，为了促进经济持续健康发展，调整了宏观调控的思路。其中对于住房市场的调控，思路也非常清晰，从土地、税收、金融、限购等方面出台了一系列的文件，对住房市场的土地供应、住房流转的课税、信贷进行了严格限制，如表5-1所示。到了2010年中央政府甚至要求地方政府开始对房价过高的城市进行住房限购，北京市政府就属于第一批限购城市。从2013年3月份以后，中央政府基本上不再出台新的住房宏观调控政策，只是强调要加强保障性住房的供应。虽然没有出台新的政策，但这也是政府调控的一种表现形式，实际上延续了以往的调控精神，并未放松对住房市场的宏观调控。

表5-1 中央政府2010年下半年以后出台的主要调控政策

时间	制定部门	政策名称	具体内容
2009-09-01	国土资源部	关于严格建设用地管理促进批而未用土地利用的通知	加强土地利用的管理
2009-12-22	财政部、国家税务总局	关于调整个人住房转让营业税政策的通知	个人住房转让营业税征免时限由2年恢复到5年
2009-12-23	财政部	关于加强中央廉租住房保障专项补助资金管理的通知	加强廉租房的建设
2010-01-07	国务院	关于促进房地产市场平稳健康发展的通知	增加保障性住房和普通商品住房有效供给、抑制投资投机性购房需求等11条

[①] 王佃利，吕俊平. 论城市政府职能的实现——基于市长文稿的文本分析[J]. 公共行政评论，2011（1）：76-94.

（续表）

时间	制定部门	政策名称	具体内容
2010-04-17	国务院	关于坚决遏制部分城市房价过快上涨的通知	强化地方政府的责任、抑制不合理的住房需求等10条规定
2010-05-26	住房和城乡建设部等	关于规范商业性个人住房贷款中第二套住房认定标准的通知	严格控制二套房贷
2010-09-27	住房和城乡建设部、国土资源部	进一步加强房地产用地和建设管理调控的通知	加强房地产用地和建设的管理调控，积极促进房地产市场继续向好发展
2010-10-15	住房和城乡建设部	关于违反限购住房套数规定买卖住房的风险提示	强调限购政策
2010-11-18	证监会	暂停房地产企业重组申请	暂停房地产企业上市融资
2010-12-19	国土资源部	关于严格落实房地产用地调控政策促进土地市场健康发展有关问题的通知	增强土地政策参与房地产市场宏观调控的针对性、灵活性、有效性
2010-12-29	国土资源部	关于房地产闲置土地情况的公告	加强住房项目限制土地管理
2011-01-26	国务院	关于进一步做好房地产市场调控工作有关问题的通知	落实地方政府责任、加大保障性住房建设等8条规定
2011-01-27	财政部、国家税务总局	关于调整个人住房转让营业税政策的通知	进一步细化住房转让营业税的征收
2011-06-09	国家发展改革委办公厅	关于利用债券融资支持保障性住房建设有关问题的通知	引导企业债券融资对保障性住房建设的支持
2012-02-06	住房和城乡建设部	关于进一步加强住房公积金监管工作的通知	强化住房公积金的贷款和监管力度
2012-02-15	国土资源部	关于做好2012年房地产用地管理和调控重点工作的通知	对于不同性质的住房供应所需的土地有保有压
2012-05-09	国土资源部	关于进一步加强和改进建设项目用地预审工作的通知	促进土地用途管制制度的落地和耕地保护、节约集约用地
2012-05-28	住房和城乡建设部	公共租赁住房管理办法	加强公共租赁房的建设与管理
2012-11-05	国土资源部、中国人民银行、财政部	关于加强土地储备与融资管理的通知	加强土地储备机构、业务和资金管理，保障土地储备工作规范和健康运行
2013-02-26	国务院	关于继续做好房地产市场调控工作的通知	稳定房价、抑制投机性购房、增加普通商品房和保障性住房

（续表）

时间	制定部门	政策名称	具体内容
2013-06-13	住房和城乡建设部、国家工商行政管理总局	关于集中开展房地产中介市场专项治理的通知	查处房地产中介机构和经纪人员的违法违规行为
2013-08-22	国家发展改革委	关于企业债券融资支持棚户区改造有关问题的通知	引导企业债券等社会资金参与棚户区改造
2013-12-02	住房和城乡建设部、财政部、发改委	关于公共租赁住房和廉租住房并轨运行的通知	将廉租住房计划调整并入公共租赁住房年度建设计划

在中央政府及其各部委出台文件后，北京市政府积极配合中央政府制定本地的调控细则，以呼应和贯彻中央政府的施政目标，如表 5-2 所示。

表 5-2 北京市政府制定的住房市场主要调控政策

时间	制定部门	政策类别	具体内容
2010-02-21	北京市住建委、发改委、财政局等12个部门	北京促进房地产市场平稳健康发展的实施意见	加强和改善房地产市场调控、严格二套住房购房贷款管理等11条规定
2010-02-26	北京住房公积金管理中心	关于调整"二套住房"住房公积金贷款首付款比例的通知	调整"二套住房"住房公积金贷款首付款比例
2010-04-30	北京市人民政府	贯彻落实国务院关于坚决遏制部分城市房价过快上涨文件的通知	抑制不合理住房需求、执行差别化住房信贷政策、加强房地产税收等12条规定
2010-04-30	北京市住房和城乡建设委员会	关于落实同一购房家庭只能在本市新购买一套商品住房有关政策的通知	严格执行同一购房家庭只能在本市新购买一套商品住房的政策
2010-05-12	北京市地方税务局	关于遏制房价快速上涨强化房地产税收监管有关工作的通知	严格执行差别化税收政策等
2010-07-06	北京市国土资源局	北京市国土资源局关于进一步加强土地证书管理的通知	加强全市土地证书的管理，增强土地登记的公信力
2010-07-07	北京市住建委、银监会、监管局等5部门	北京市关于落实商业性个人住房贷款中第二套住房认定标准有关问题的通知	北京市发放个人住房贷款时第二套住房认定的标准
2010-10-19	北京市国土资源局	关于北京市农垦系统国有农场土地确权登记有关问题的意见	统一规范国有农场土地确权登记的要求和标准

(续表)

时间	制定部门	政策类别	具体内容
2010-11-04	北京市住房和城乡建设委员会	关于加强我市商品房预售方案管理的通知	加强本市商品房预售监管
2011-02-15	北京市人民政府办公厅	贯彻落实国务院办公厅文件精神进一步加强本市房地产市场调控工作的通知	外地人购房须提供五年纳税证明,限购以认房为标准,开发商定价与成本差异过大将追责等15条规定
2011-02-26	北京市住房和城乡建设委员会	北京市建委关于落实本市住房限购政策有关问题的通知	规定限购的对象和条件
2011-03-17	北京市地税局、住建会	关于进一步加强房地产市场调控有关税收问题的公告	加强土地增值税预征工作的规定
2011-03-29	北京市人民政府办公厅	关于公布本市2011年度新建住房价格控制目标的通知	加大住房保障力度;新建普通住房价格与2010年相比稳中有降
2011-09-19	北京市住房和城乡建设委员会	关于加快推进本市保障性住房项目开工建设的通知	确保商品住房建设项目配建保障性住房按计划进度实施,增加有效供给
2011-11-02	北京市住房和城乡建设委员会	北京市国有土地上房屋征收与补偿中住房保障优先配租配售管理办法	保障被征收人的合法权益,当优先给予住房保障
2011-11-22	北京市住建委、地税局	关于公布本市享受优惠政策普通住房平均交易价格的通知	调整普通住宅的标准
2011-11-22	北京市财政局、地税局	北京市关于加强存量房交易税收征管工作的通知	严格规范房地产市场交易税收秩序,堵塞税收漏洞
2012-01-30	北京市人民政府	关于贯彻国务院办公厅保障性安居工程建设和管理指导意见的实施意见	加强本市保障性安居工程建设和管理
2012-04-09	北京市人民政府	关于进一步规范房屋租赁市场稳定房屋租金工作的意见	进一步规范房屋租赁市场,稳定房屋租金工作
2012-08-13	北京市住建会、规划委、国土局、发改委、财政局	北京市关于在保障性住房建设中推进住宅产业化工作任务的通知	确保保障性住房实施住宅产业化的各项任务目标落实
2012-09-21	北京市住房和城乡建设委员会	关于落实我市住房限购政策进一步做好房屋登记有关问题的通知	限购审核升级,北京户籍居民购房须持二代身份证

(续表)

时间	制定部门	政策类别	具体内容
2013-02-28	北京市住建委、北京市发改委	北京市关于做好保障性住房融资对接服务工作的通知	鼓励社会资金为保障性住房建设提供融资支持
2013-03-02	北京市住房和城乡建设委员会	关于规范已购限价商品住房和经济适用住房等保障性住房管理工作的通知	加强保障性住房管理,促进保障性住房公平分配
2013-03-30	北京市人民政府办公厅	北京市贯彻落实《国务院办公厅关于继续做好房地产市场调控工作的通知》精神进一步做好本市房地产市场调控工作的通知	切实承担稳定房价工作的责任、坚决抑制投机投资性购房、增加普通商品住房及用地供应等19条规定
2013-04-07	中国人民银行营业管理部	关于调整北京市差别化住房信贷政策的通知	贷款购买第二套住房的家庭,首付款比例不得低于70%、停发放家庭购买第三套及以上住房贷款
2013-04-11	北京市住房和城乡建设委员会	关于进一步完善我市保障性住房申请、审核、分配政策有关问题的通知	简化我市保障性住房申请、审核程序,完善保障性住房分配政策
2013-05-20	北京市住房和城乡建设委员会	调整本市社会救助相关标准后做好住房保障相关衔接工作的通知	住房保障和城市低保的衔接
2013-06-13	北京市住房和城乡建设委员会	北京市关于进一步加强本市商品房预售许可管理有关问题的通知	提高商品房预售许可管理的标准
2013-10-22	北京市住房和城乡建设委员会	北京市关于加快中低价位自住型改善型商品住房建设的意见	加快中低价位自住型改善型商品住房的建设

我们可以看出,表5-2中所列举的29项政策中,北京市政府在土地政策、税收政策、金融政策和其他的管制政策等方面保持了和中央政府高度一致。特别是各个职能部门,在各部委出台相应的文件后,立马也制定了本地的配套政策。这些调控政策也延续了中央的调控精神。从北京市前副市长陈刚在2014年北京市人代会上的发言中,我们可以了解到北京市政府对于住房宏观调控的态度和思路:北京住房市场对于对于中低收入群体,应该"做足保障""以租为主";对于中低、中高收入群体推出自住型商品房来"支持

中端";对于高收入群体的住房"由市场引导高端",但是也不能完全放开,同时加以限购。① 时至今日,北京市政府按照"有保有压"的思路对北京市的住房市场进行调控。

5.2 北京市政府在住房宏观调控中的治理行为分析

经过以上的梳理,北京市政府对住房市场的治理行为也逐渐清晰起来。按照整体性的治理框架,从治理主体、治理的决策机制、治理的运行机制、治理的监督反馈机制几个方面分别具体分析。

5.2.1 北京市住房市场治理主体的不协调

治理主体间的关系可以通过相关的政策文本定量和定性分析后予以解释。本章对以上29项政策进行整理、归类,并对上述政策的文本整理后的数据进行简单的定量分析。根据研究的需要,本章通过政策内容进行了分类,并用描述性的统计方法算出了各类政策的频率和百分比。分析结果主要通过两个方面来表现:一方面是不同分类下的统计频数表,另一方面则是通过文字对这些频数描述和归纳。通过研究发现,住房市场治理主体的不协调主要表现在:政策制定主体的参与不足,政策执行主体中的责任模糊,政策监督和评估主体不明确。

1. 政策制定主体的参与不足

分析结果表明,单一部门制定的政策达到了76%,多部门联合制定的政策仅为24%(见表5-3)。而整体性治理理论认为治理住房市场需要多个部门协调才能达到效果,这就制约了北京市住房市场治理政策的操作化。

---

① 韩娜.北京副市长:商品房限购限贷政策不会取消[N].北京晨报,2014-01-17.

表5-3 北京市政府部门在政策制定中的参与程度

政策分类	单一部门		两个以上部门联合	
	项数	比例（%）	项数	比例（%）
住房市场的总体调控政策（5项）	4	80	1	20
住房市场的土地政策（3项）	3	100	—	0
住房市场的税收政策（5项）	2	40	3	60
住房市场的限购政策（5项）	5	100	—	0
住房市场的信贷政策	2	67	1	33
住房保障政策（8项）	6	75	2	25
合计：29项	22	76	7	24

2.政策执行主体的责任模糊

表5-4的分析结果表明，住房市场政策执行的操作化程度较低，其中执行部门不明确的政策高达17%，使得政策执行的力度打了折扣。

表5-4 北京市政府部门在政策执行中的参与程度

政策分类	单一部门		多部门		不明确	
	项数	比例（%）	项数	比例（%）	项数	比例（%）
住房市场的总体调控政策（5项）	3	60	1	20	1	20
住房市场的土地政策（3项）	3	100	—	0	—	0
住房市场的税收政策（5项）	2	40	2	40	1	20
住房市场的限购政策（5项）	5	100	—	0	—	0
住房市场的信贷政策（3项）	1	33	1	33	1	33
住房保障政策（8项）	4	50	2	25	2	25
合计：29项	18	62	6	21	5	17

3. 政策监督和评估主体不明确

从表 5-5 中来看，虽然少数政策中提出了要对住房市场的治理过程和效果不佳的部门进行问责，但是北京市各部门出台的政策内容中几乎都缺乏明确的监督和评估主体。

表 5-5 北京市政府部门政策监督评估分析

政策分类	不明确	
	项数	比例（%）
住房市场的总体调控政策（5 项）	5	17.24
住房市场的土地政策（3 项）	3	10.34
住房市场的税收政策（5 项）	5	17.24
住房市场的限购政策（5 项）	5	17.24
住房市场的信贷政策（3 项）	3	10.34
住房保障政策（8 项）	8	27.59
合计：29 项	29	100

5.2.2 北京市政府与公民社会协作得不够充分

中国第一个发起个人合作住房的于凌罡从 2005 年就开始在北京倡导个人合作建房的运动，当时还制定了"合作建房联盟章程"，并获得了 200 多人的支持。[①] 这场运动在全国其他城市得到了积极的响应并进行了尝试性的探讨。但是时至今日，除了浙江温州、河南许昌和江苏太仓这少数几个城市获得了成功，其他城市均以失败告终。于凌罡因为资金和政策方面的限制，于 2009 年年底宣布停止合作建房。从我国公民社会发育而来的个人合作住房

---

① 北京个人合作建房者首开联盟大会 [N]．新华网，2005-01-17．

组织从一开始就步履蹒跚，举步维艰。尽管北京市政府在住房市场中提出了建立分层次的住房市场，但对于"做足保障"和"支持中端"方面并没有考虑到如何将这部分的力量吸纳进来。

而事实上，参与个人合作住房建设的发起者、主要参与者和潜在的支持者都属于城市的中产阶级。他们既有极高的热情和相当的经济实力，而且又尽量在法律的框架下进行活动。一方面可以通过自己的力量解决个人的住房问题，并不是完全将住房的希望寄托于市场和政府上，另一方面又可以推动政府对住房市场的改革。① 从这个角度而言，个人合作住房完全可以为北京市政府分担住房的压力，作为住房供给中一个有益的补充。但是，北京市政府并未给这类公益性组织提供发育空间，也没有对其提供相应的政策支持，致使他们在房价不断上涨的市场挤压下举步维艰。

5.2.3 北京市政府住房市场治理决策机制中的不足

1. 保障性住房资金面临着巨大的压力

自从北京市政府提出将保障性住房作为解决中低收入群体住房的主要途径以来，这几年加大了财政投入，2011年还专门成立了"北京市保障性住房建设投资中心"。保障性住房的建设面积和竣工面积也在逐渐增加，如表5-6所示。根据2011年的北京市统计年鉴数据显示，北京的经济适用房竣工19795套，限价商品房为26368套，廉租房为3088套，公租房为2044套，总共为51295套（由于统计口径问题，其他年份没有说明套数）。按照北京市对保障性住房的规划，北京市"十二五"期间将力争实现保障性住房占整个住房供应的60%，2014年更是计划新建保障性住房7万套。② 这就导致北京市面临着严重的资金压力，如何通过制度保证持续不断的保障性住房资金是

---

① 朱亚鹏，肖棣文. 中国的合作建房运动：特征与逻辑[J]. 社会科学战线，2012（10）：177-184.
② 于立霄. 北京5年将建保障性住房100万套 实现"两个60%"[N]. 中国新闻网，2010-12-14.

北京市财政面临的最大压力。

表5-6 2008—2012年北京市保障性住宅施工面积及竣工面积

年份	保障性住宅施工面积（万平方米）	保障性住宅竣工面积（万平方米）
2008	544.9	101.1
2009	1982.5	189.2
2010	2792	715.9
2011	4084.4	513.8
2012	4821	752.6

资料来源：2009—2013年《北京统计年鉴》

2.土地供应不足导致地王频出

由于北京人多地少，特别是五环以内的土地更是稀缺资源。经过多年的城市开发后，五环内大规模的土地出让基本上很少出现。但凡有五环以内的土地出让，不论面积大小，每次拍卖都能引起众多知名品牌的房企哄抢。各家央企和民企展开"群雄逐鹿"的态势，对北京的土地高度渴求，导致出让土地的区域不断产生新的地王，刷新着土地的成交记录。而每一次地王的出现，也强化了房价上涨的预期，刺激着房价的不断上涨，具体的情况见表5-7所示。

表5-7 2009年下半年以后北京市产生的地王一览表

拍卖时间	土地名称	开发商	成交价格（亿元）	楼面地价（元/平方米）
2009-05-22	广渠路10号地块	富力地产	10.22	15141
2009-06-25	通州九棵树地块	祈连地产	17.4	15217
2009-06-26	北京奥运村乡地块	成都中泽置业	19.6	15200

（续表）

拍卖时间	土地名称	开发商	成交价格（亿元）	楼面地价（元/平方米）
2009-06-30	广渠路15号地块	中化方兴地产	40.6	14500
2010-03-15	蓟门桥地块	世博宏业地产	17.6	29913
2012-02-14	来广营地块	招商局地产	23.7	12522
2012-04-16	香河园地块	南昌市政	19.15	25749
2012-07-12	北京万柳地块	中赫置地	26.3	40200
2013-01-10	石景山老古城地块	中海地产	20.18	15000
2013-01-24	朝阳区孙河乡北甸西村W地块	泰和地产	18.5	28559
2013-05-20	通州区台湖镇B-03地块	泰禾集团	11.25	19000
2013-07-03	丰台区夏家胡同地块	懋源地产	17.7	45000
2013-07-24	朝阳区孙河乡地块	中粮地产	23.6	44000
2013-09-04	北京农展馆北路地块	融创集团	21	73099
2013-11-4	朝阳区东坝南区地块	保利地产、首开地产	21	37000
2013-11-21	朝阳区东坝南区地块	恒大地产	51.35	超过50000
2013-12-18	门头沟新城MC16-073地块	住总、融创和北京骏洋	58.66	16891

高晓慧（2001）从地租理论角度出发，认为地价是房价的基础，房价是地价的体现，房价与地价呈现正相关。刘琪（2006）分别从需求和供给角度分析了二者之间的相互关系，地价与房价分别是由土地市场和房地产市场的供给和需求来决定的。不能笼统地说由房价来决定地价，或地价决定房价，地价和房价的上涨最终是由于社会经济的发展和对房屋土地需求的增加引起的。孙波（2010）则从地方财政的角度出发，认为地方政府过度依赖于"土地财政"，导致地价上涨，继而引发土地的投机需求，最后房价上涨的预期不断拉动房价上涨，导致地价进一步上涨，这一过程中，地价和房价互为条件，形

成价格螺旋。在地王频出的土地市场行情下，北京市的房价也一路上涨，处于高位运行。反过来，房价也进一步拉动地价的上涨。在五环以内，基本上很难看到单价在5万元／平方米以下的住房了。在海淀区五道口地段，因为优质的教育资源集中在此处，二手房的房价甚至达到了10万元／平方米，被戏称为"宇宙中心"。

3. 限购政策导致非北京户籍群体的住房利益无法保证

房价的不断上涨也在刺激着购房者和北京市政府的神经，不少报道披露，由于不少炒房者将大量的资金注入房地产市场中，导致房价飞涨。因此，北京市政府出台了严厉的限购政策。住房限购已经成为北京市对住房市场管制的一项重要政策。限购是国务院办公厅发布的《关于进一步做好房地产市场调控工作有关问题的通知》（简称"国八条"）和北京市人民政府办公厅发布的《北京市人民政府办公厅关于贯彻落实国务院办公厅文件精神进一步加强本市房地产市场调控工作的通知》（简称"京十五条"）中明确提出来的，二者均以户籍作为标准来区分限购的对象。在此政策下，北京户籍居民要比非户籍居民有更多的购房自由，非北京户籍居民若想在北京购买住房只能通过"假结婚"的方式才有可能。[1]但是我们如果仔细深究，政府为何要求户籍与住房挂钩？正当的理由是北京户籍居民在住房方面所享有的条件明显地低于外地来京的非户籍居民，又或者外地来京人员增加了北京的资源压力，抬高了本地人的生活成本。[2]但是这两个理由并不能站得住脚。众多非京籍户口的务工人员被剥夺了购房的权利和资格，相应的住房保障并没有将他们考虑进来，他们为北京的发展做出了自己的贡献，但是又享受不到相应的住房福利，这部分人不仅被剥夺了住房市场的购买权利，住房保障体系中也完全被忽略掉了。

---

[1] 张永生，卢美慧．非京籍男子为购房与陌生北京女子假结婚[N]．新京报，2013-01-14．
[2] 秦前红．房地产市场行政规制与政府权力的边界[J]．法学，2011（4）：30-34．

5.2.4 北京市政府住房市场治理运行机制存在缺陷

1. 北京市政府的财政收入过于依赖住房市场

尽管北京的经济十分发达,2013年的城市GDP排名仅次于上海,处在全国第二位,但是这依然掩盖不了北京市政府的财政收入过于依赖住房市场的事实。根据表5-8显示,北京市政府2008年以来住房市场收入占到了财政收入的50%左右,2012年更是接近于80%了。在这种趋势下,哪些区政府来提供保障性住房的土地成了一个难题。按照目前的政策是保障性住房供应采取"全市统筹,以区县为主"的原则,但是各区县并无太大的动力来提供保障性住房所需要的土地。[①]2014年的前两周内成交了11宗土地,仅这两周的土地出让金就达到了172.8亿元。[②] 因此,大量的保障性住房供给主要限制在五环到六环之间,甚至挨近河北的区域,也正是此原因所导致的。

表5-8 北京市政府的住房市场收入占财政收入的比重

年份	财政预算收入（亿元）	土地出让金（亿元）	房地产税、契税、耕地占用税、城镇土地使用税、土地增值税（亿元）	住房市场的收入占财政收入的比重（%）
2008	2282.04	686.54	416.75	48.35
2009	2678.77	1071.86	555.77	60.76
2010	3810.91	1318.87	683.85	52.55
2011	3006.26	1555.45	805.46	78.53
2012	3314.93	1821.81	810.61	79.41

资料来源：2009—2013年《中国统计年鉴》、2009—2013年《中国国土资源统计年鉴》、2009—2013年《北京统计年鉴》

---

① 于建.北京代表：应出台住房保障条例 抑制土地财政冲动[N].北京晚报,2014-01-21.
② 张旭.北京土地出让金两周破200亿[N].新京报,2014-01-15.

2. 北京市住房市场的信息缺失导致了政策运行受阻

尽管北京市制定了一系列的政策，如商品房的限购和保障性住房的瞄准，都需要准确的信息才能保证政策的运行，但是北京市的住房市场信息也面临着无法完全共享的难题，从国外的住房市场调控情况来看，每个城市都有着详尽的住宅统计数据，包括每年的住宅价格、自有住宅套数、自有住房率、房屋空置率等。[1]但是北京市政府并没有关于本地的普查数据，无法针对住房市场进行有效的调控。因此，由于住房市场信息的不共享，媒体经常报道的通过补缴税收、办假《工作居住证》、假离婚等方式骗取购房资格的事件层出不穷。

3. 北京的地理位置、政治位置制约着住房市场治理政策的运行

尽管北京市政府高度重视住房市场中的问题，也采取了多种措施来解决这个问题，但是北京作为全国的政治中心，拥有着完善的教育资源、文化资源和医疗资源，优越的公共服务和大量的就业机会，吸引着全国的精英们及有着创业梦想的人在北京居住生活。因此，近10年来北京市的人口增长迅速，2012年的常住人口数量已经达到了2069.3万，2012年新增人口达到了771.8万，如此大的人口基数必然会导致住房需求量也十分旺盛。但是如前所述，北京五环以内的土地供给十分稀缺，每一块稀缺的土地都会引起房地产商的哄抢。现在大量的楼盘主要集中在五环至六环之间，甚至将住房需求排挤到河北燕郊，而五环之外的配套设施并不完善，加重了职住分离的情况，某些区域的住房小区成了"睡城"，加剧了北京市住房供需结构的失衡。

5.2.5 北京市政府住房市场治理评估和监督机制尚是空白

在监督机制中，北京市政府在住房市场调控中多次提到了约谈和问责机

---

[1] 刘立功. 调控北京房地产市场的思考[J]. 中国国情国力，2014（3）：43-45.

制，如在 2011 年 2 月 15 日北京市人民政府办公厅发布的《关于贯彻落实国务院办公厅文件精神进一步加强本市房地产市场调控工作的通知》中的第七部分，就提出了要建立健全约谈问责机制，"对没有完成住房保障工作目标任务，房地产市场调控政策落实不到位，工作不得力的，进行约谈和问责"。2013 年 3 月 30 日发步的《北京市贯彻落实〈国务院办公厅关于继续做好房地产市场调控工作的通知〉精神进一步做好本市房地产市场调控工作的通知》中的第一部分提出"切实承担稳定房价工作的责任"，要求下属各部门"认真落实房价控制目标、建立稳定房价工作责任机制"，特别是市发展与改革委员会、住房与城乡建设局、规划局、国土局、税务局等所有涉及住房市场的单位之间要密切配合，加强联动。国务院也派出了督察组对北京的住房市场条款进行督察。

实际上北京的房价一直处于上涨趋势中，保障性住房供给在各个区政府间完成情况不尽相同，但是并没有任何人或组织受到相应的惩罚。其原因在于这些政策中并没有规定明确的调控目标和内容，也没有清楚的关于问责操作化的程序，对谁问责、如何问责、问什么方面的责任都没有明确的规定，使得这些问责不了了之。而如何来评估住房调控的效果，基本上都是当地政府说了算。上级领导对下级的考核只能根据当地所提供的材料来做出判断，住房市场的评估和监督机制基本上处于空白。

5.2.6 北京市政府住房市场治理效果不理想

住房市场治理的效果不理想体现在北京的房价过高，低收入群体的住房状况堪忧。根据统计数据显示，北京的房价收入比一直在 13 以上，在 2010 年的时候甚至超过了 17，如图 5-1 和图 5-2 所示。这已经远远超过了中产阶层收入的承受能力。但是为他们提供的保障性住房数量过少，需要的人口过多，又不得不面临着僧多粥少的困境，中签的概率往往是 1:10 以上，甚至更高。而非京籍的购房群体被排除在商品房和保障性住房的供给之外，如果这一群体有足够的资金，可以选择租一套完整的房子，否则就只能去地下室租房，或者是成为"蚁族"中的一员，住房条件非常差。

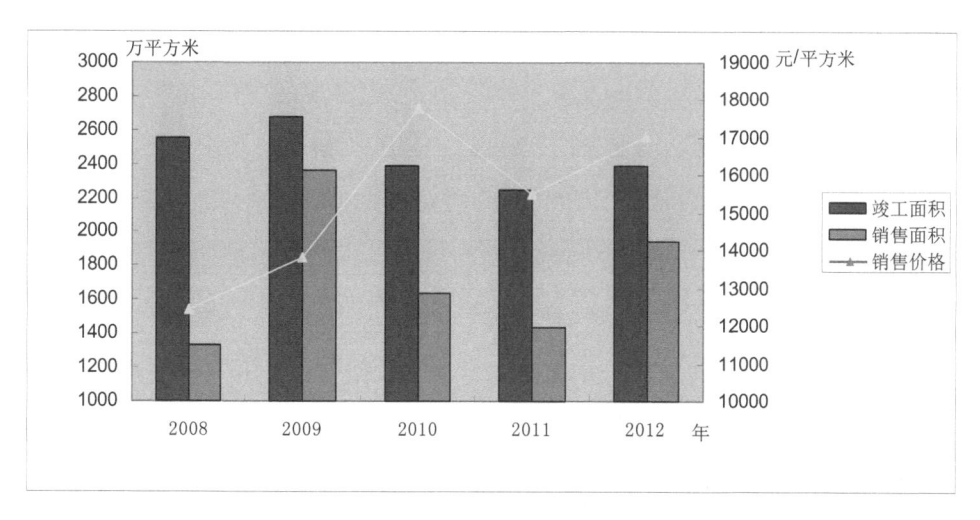

图 5-1 2008—2012 年北京市住房竣工面积、销售面积和销售单价

数据来源:《中国统计年鉴 2013》《北京统计年鉴 2013》

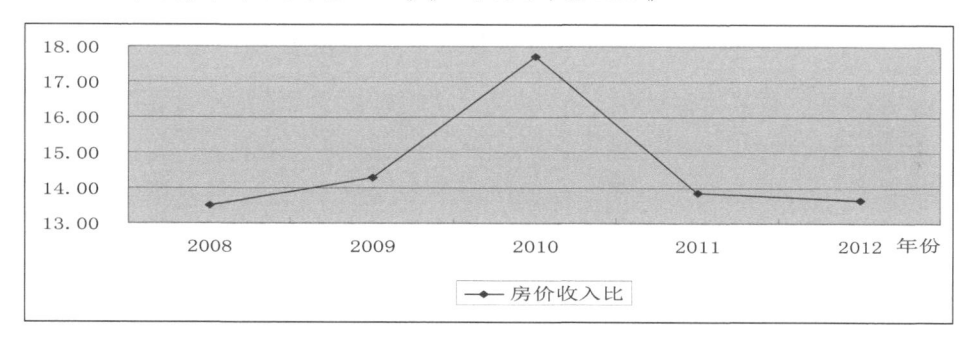

图 5-2 2008—2012 年北京市房价收入比

数据来源:《中国统计年鉴 2013》《北京市统计年鉴 2013》

5.3 本章小结

本章对 2008 年以后北京市政府在住房市场宏观调控中的行为进行了实

证分析。首先中央政府出台了一系列的住房调控政策，而且思路也逐渐清晰，延续了从严调控的政策。在此背景和要求下，北京市政府也出台了本地的住房市场调控政策，研究和分析北京市政府的行为有助于我们更好地理解地方政府在住房市场中存在的弊端。

北京市政府尽管制定了一系列的政策，但是从整体性治理的角度分析，尚存在着如下问题：第一，住房市场治理主体的不协调。无论是政策制定过程、政策运行过程还是政策评估和监督过程中，协调度都不够；第二，与公民社会的协作不够。北京的个人合作住房组织对于保障性住房的供给有着很高的积极性，但是北京市政府并没有考虑与这类组织的合作；第三，住房市场治理决策机制的不足。保障性住房是北京市政府最近提出来的一项重要内容，但是如何来保证其资金是个大问题，土地供应不足导致地王频出，限购政策导致非北京户籍群体的住房利益无法保证；第四，住房市场治理运行机制也存在缺陷。北京市政府过度依赖于土地财政，住房市场的信息缺失导致了政策运行受阻，地理位置、政治位置也制约着住房市场治理政策的运行；第五，北京市政府缺乏住房市场的评估和监督机制，这些政策即便是效果不佳，也无法追究相关领导者的责任。所以，北京市政府住房市场治理的效果不理想。

第6章 西方国家整体性治理改革的经验及其借鉴

20世纪90年代,西方国家为推动二次政府改革,提出了"整体政府"的概念,英国在1997年正式确定施政理念——整体政府。两年后,英国政府的《现代化政府》白皮书中总结了前两年的工作,同时制定了10年规划推动"整体政府"。白皮书在政策制定、公务员管理、公共服务及信息技术运用等方面,均确定了具体的实施计划。另外,新西兰与澳大利亚等国家大力推进公共行政改革,提倡整体政府实践。美国与加拿大等发达国家也实施了"整体政府"的实践与探索。现阶段,整体政府已经是现代西方国家改革的新动态、新趋势,这也为我国地方政府治理住房市场提供了相应的启示。

6.1 整体性治理理论在西方国家的运用

自佩里·希克斯提出"整体性治理"理论后,西方国家也以此为政府改革的主要理论依据。西方国家经历了长达20多年的新公共管理改革,目前正处于现代新一轮的公共改革,核心内容是由结构性分权、职能单一化,转向提倡政府内部机构和部门的整体性运作。英国政府正是吸收了这一理论,将其作为政府改革的指导性理念,其变革是在"协同政府"(Joined-up Government)的口号下进行的。随后,澳大利亚、美国、新西兰等国家也先后开展了整体性政府改革实践探索。

6.1.1 英国的"协同政府"改革实践

英国是"整体性政府"的产地,具有深刻的理论背景和丰富的实践经验。立足实践角度,英国经历了长达20多年的新公共管理改革,强调市场竞争机制,使英逐渐成为竞争性政府。改革促进了英国政府的公共服务质量,提升了政府行政效率,也为英国建立了新型行政文化,但是同样存在诸多缺陷。例如,很难克服管理模式的转化成本,公共组织和企业管理模式的兼容过程之间产生摩擦,政府依靠企业文化改革,存在伦理性争议。关键问题是强调引入竞争机制,而忽略了部门与部门的协调、合作,使制度结构呈碎片化特点。所以,整体性政府既是对传统无磋商、严厉性、强制性、全面性的改革失败教训的吸取,同时是对当时英国政府部门极端主义,处理家庭、犯罪等跨部门问题迟钝的一种反应。整体性政府是克服视野狭隘、部门主义后的产物。立足理论角度,整体性政府是新工党的"第三条道路"的一种"折射"。根据吉登斯的观点,"第三条道路"变革呈适应性特点,是社会转型、政治转型的必然趋势,为公共机构革新、重建提供手段,使得政府应对经济全球化更为复杂。随着"第三条道路"的不断深入,整体性政府既提倡引入企业竞争机制和文化,提升公共服务质量与效率,同时也利用合作与协调方式,实现平等民主价值与社会公正价值。

由于英国政府主张打造一个有效服务、通力合作的信息政府,制定整体性的治理方针,制定跨组织边界与政策约束,构建联合供给小组执行联合预算,促进地方机构工作协调,通过信息技术手段,促进服务质量、服务方式的转变。英国已执行了相关措施,构建协作型政府,付出了巨大努力后,在公共服务领域获得较大成就。这其中包括建立卫生、运输、交通、教育等派出机构专员,构建社会服务小组,把被忽略人群与社会边缘化人群重新引入至社会范畴,构建国家医疗系统与儿童保护委员会,推动网络信息技术的广泛运用,促进医疗服务方式的转型。

1997年,英国工党建立社会排斥小组,一年后建立战略沟通小组,开始了整体性治理。英国作为整体性整理的第一个倡导国家,在1999年英国政府的《现代化政府》白皮书中,总结前两年工作,同时制定十年规划推动"整体政府",为全国范围推行整体性治理创建了完整性框架,主要包含改进政策制定。英国新工党努力克服以往在政策制定过程中政府过度倾向于关注短期执行压力的缺点,采用五项具体措施,加强宏观政策研究,实现集中化管理,对政府官员、公民进行教育培训,鼓励政府各部门利用多样化渠道,进而顺利完成既定目标,尽量深化政策内涵,加强政府与机构、政府与企业的联系和合作来提升政策质量,确保公众的政策制定参与度,有效拓展参与主体。同时,积极回应公共服务,确定服务主体,对事后审查与绩效评估标准进行重新设定,重视服务质量,探索整体性评估方式。新工党政府认为公共服务须满足公众需求,采用"一站式商店""伙伴关系"等措施,通过雷厉风行的手段,扫除协同工作中面临的诸多阻碍,完善公共服务工作,满足公众需求。如英国政府为加强民意调查、民意研究,设立公民评论小组,建立"多渠道"方式,采集公众的不同需求,建立公众标准,进而实现各部门的合作与协调。另外,提升公共服务效率与质量,对政府前五年的公共服务活动进行评估,构建公共服务标准,重新设定公共服务协议,重视服务效能。对于服务较差的组织,给予相应的批评;对于服务评价良好的组织,可授予自主服务的权利。最后,建立信息化政府,通过网络信息技术,满足社会需求,不盲目跟风。依靠信息技术,英国医疗系统的服务模式已完全转型。2001年,英国医疗体系已完全实现"24小时实时服务"承诺。英国电子政府有效纳入公共服务,促进公共服务的全面化、优质化。注重提升公共服务价值,利用现代公共服务,实现管理效能革新,有效缓解社会冲突,处理弱势群体问题,促进政府创新能力的提升。构建政府论坛、政府网站,创建虚拟工作平台,实现各公共部门人员的迅速集聚,实现政府工作的整体性与协同性。随着"第三条道路"的不断深入,英国工党为实现公共服务的整体性治理，提倡继续延伸撒切尔时期的市场机制、企业竞争文化，利用合作、协调方式，提升民主价值。

6.1.2 美国的整体性治理实践

对于美国政府而言，整体性治理的"9·11"事件最为典型。小布什施政期间，为改变安全管理无能、低效现象，对12个部门的功能进行整合，建立一个超级大部门——"国土安全部"。同时，为实现重新政府化，把各机场的安全人员，由私人承包身份纳入至联邦文官系统。美国为引导人们生活事件的整体性治理，基本实现了一站式服务网站，全面整合各级政府的网络及服务流程。例如，科罗多州司法领域，其一体化网络囊括了青少年与成人劳教、法院与诉讼、司法执法等司法机构，建立刑事司法信息的虚拟平台。再如，俄勒冈州开展的"无错门"活动，为保障公众的一级公共事务服务，实现公共服务的新模式统一与整合，转变传统的分散性、割裂性的公共服务机构。再如，布什施政期间，构建了24个跨政府与机构的电子政府，利用电子通报、智能表格等工具，实现联邦政府到州政府的各个程序、层级的整合，为商业注册与申请提供更为快速、便捷的公共服务。

随着公私合作的不断推进，美国劳动部、城市发展部有效结合基础性设施建设费用、公共生活费用与慈善性投资费用，建立跨层次、以顾客为导向的层层联合的社区网络服务平台。佛罗里达州有效整合了儿童服务组织、少年法庭与学校等，构建儿童福利网络平台。美国航天中心的喷气实验室，通过模拟设计，获得各承包商的支持，建立统一性的任务设计中心，航天局可实时监测、同步观察，支持各合作国家的设计过程，利用视频会议即可连接大家，展开网络视频会议。通过这种信息技术整合，建立创新管理模式，有利于促进设计效率提升，有效缩短设计周期，改善供应商的原始设计质量。

根据帕却克·登力维（Pafrick Dunleavy）的观点，新公共管理提倡激励性、竞争性与分散性变革，也使得政府机构逐渐破碎化，提升了决策系统复杂度，降低了人们解决问题的能力。信息时代，整体性治理重点是重新整合服务，强调整体性、参与性的决策方式，实现电子行政数字化。美国政府整体性治理最为显著的特征是，以数字化技术基础，开展整体性治理。

6.1.3 澳大利亚的"整体政府"改革实践

澳大利亚政府认为整体性政府主要包含内驱动力与外驱动力。外驱动力主要包含横向管理和社会发展，增加了服务、议程、政策的一体化需求。全球面对恐怖主义、安全主义等复杂问题，技术变革为跨越组织界限提供了可能，并提出了综合社区的服务目标。在公共服务过程中，政府需维持特定能力，对不同观点进行识别、评估。内驱动力主要包含公共服务的机构灵活性、资源管理责任清晰，同时也强调跨组织合作、协调。在1976年的库布报告中，作为跨组织合作和协调的典型方案，削减部门数量，进而强化协调。在机构上设立了联合中心、一站式服务，建立社会联盟、执行内阁、工作队。通过内外驱动力，澳大利亚具备一般性、个案性特点，对整体性治理动因进行了合理解释。

各级政府部门与私人部门之间建立和谐的伙伴关系，向民众提供合作性和协调性的服务。中央部门内构建统一性、规范性的协调机构，与横向协作有效结合，实现中心集权的重设。通过信息技术，实现政府内部的有效链接，为公众提供跨部门、跨组织的"一站式服务"。澳大利亚政府成立执行内阁，促进国内的"整体性治理"改革，集中了公共服务组织、地方政府与联邦政府。另外,《联合政府报告》明确定义了整体性治理:"整体性治理是为共同完成公共服务目标,各服务机构通力合作,加强跨部门协调,为解决特殊问题,构建联合性机构。"

对于澳大利亚政府而言,整体政府的宗旨是提升内部不同层级、不同领导的协调与合作能力,促进政府各部门的合作,创新新型政府机构,形成由上至下的整体性体制,以强化政府部门的协调、合作,确保顺利完成既定任务。执行内阁的成立是澳大利亚政府开始整体性治理的第一步。1992年,联邦政府趋向集权化,其地方政府组建澳大利亚政府委员会,多次召开"整体性治理"会议,探讨环境、行政、社会、政策等问题,极大提升了联邦政府与州政府的合作,允许联邦内部负责人、地方政府领导层立足国家利益角度,加强沟通、合作、协商,为联邦发展发挥了重要作用。1997年澳大利亚提倡建立新型联络中心,主要负责联邦的社会工作,促进社会公共服务的便捷化、高效化发展。

澳大利亚管理咨询委员会对各国整体政府的实践经验进行总结,提炼最佳实践模式,主要包含四方面:其一,新型文化。建立技能和文化的支持性基础,提倡价值多元化,鼓励交互行为,在公共服务机构中重视组织双向沟通,重视技能和规范;其二,新型工作方式。明确机构内部领导层的职责分工,鼓励成员积极参与其他部门工作,注重工作人员业务能力和综合素质,改变传统等级评价与地位评价,重视团队合作灵活性,注重团队合作成果;其三,新型激励机制与责任机制。对于整体性治理的安排、目标设计,提倡互相扶持与协调,建立新型政府部门,建立治理工作小组,促进官僚组织边界的跨越,促进管理的进一步优化。有效完善机构现行工作程序,确保组织内部问题责任制度,严格把控垂直化问题;其四,新型方式。通过更为饱满的工作,制定治理政策与设计方案,以为公众提供更为优质的公共服务。主要包含政府与社会构建伙伴关系,利用网络信息技术,建立公众参与平台,在政策制定活动中,提升公众的参与度,为政策设计提供协助,对政策评估进行监督。

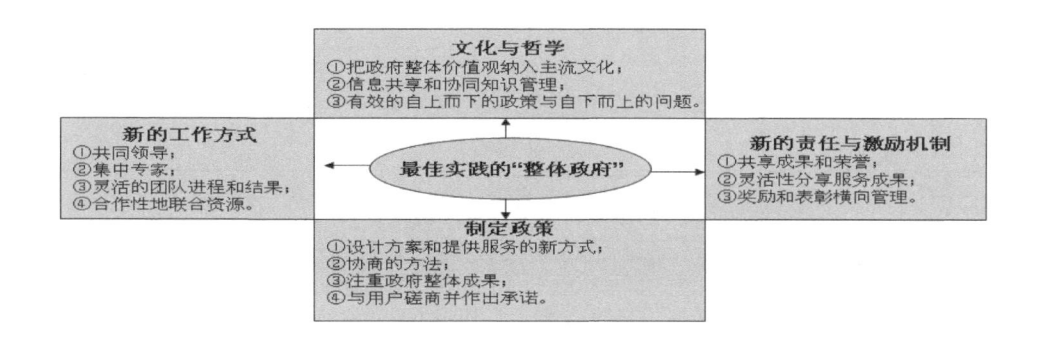

```
                    文化与哲学
                    ①把政府整体价值观纳入主流文化;
                    ②信息共享和协同知识管理;
                    ③有效的自上而下的政策与自下而上的问题。

新的工作方式                                    新的责任与激励机制
①共同领导;                                     ①共享成果和荣誉;
②集中专家;          最佳实践的"整体政府"      ②灵活性分享服务成果;
③灵活的团队进程和结果;                         ③奖励和表彰横向管理。
④合作性地联合资源。
                    制定政策
                    ①设计方案和提供服务的新方式;
                    ②协商的方法;
                    ③注重政府整体成果;
                    ④与用户磋商并作出承诺。
```

图 6-1 最佳实践的"整体政府"[①]

利用中央政府与地方政府的合作,澳大利亚政府开设跨国性的同类服务,建立各部门的伙伴关系,由上至下不断深入整体性治理方式、理念,采用长效测量方法,获得了积极、良好的治理效果。

6.1.4 其他西方国家的整体性治理实践

现阶段,OECD 各国逐渐接受和运用整体性治理,尤其是恐怖分子事件、袭击事件逐渐增多,促进了整体性治理的改革步伐。新西兰因重视生物安全,特定设置大部门实施整合处理,强化纵向整合,构建新西兰的高级监管机构——社会发展部,进而缓解碎片化,加强整体性治理改革,深入中央政府、独立机构与私人部门。随着政府行政程序的改革,提倡公民利益的范围化与长期化。另外,新西兰政府重视整体性治理能力提升,政府服务委员会设立了跨部门合作标准,通过多项权力加强整体性治理的能力培训,有效结合中央重新集权、横向协作,总经办组织编写整体性治理的案例教材。同时,加

---

① The Australian Management Advisory Committee. Connecting Government:Whole of Government Responses to Australia Priority Challenges[EB/OL].(2004-04-20)[2007-03-05] http://www.apsc.gov.au/mac/ Connecting Governmentl.htm

拿大、挪威等国家也加强了整体性政府改革。

表6-1 各国"整体政府"实践形式

国别	联合范围与方式	联合做法和特色
英国	政府部门之间、中央和地方之间、公共与私人组织之间	改革公共部门，公共服务的优质化，推动整体性联合，推行跨组织边界政策
美国	联邦政府同地方政府之间、公共部门与私人部门之间	联邦州政府许多领域具备独立分担责任、权力；效能目标横向交会，采用立法体系、资金刺激实现
澳大利亚	联邦政府同州政府之间、跨国同类服务、公共部门和私人部门之间	由上至下的联合方式，长期性测量措施、效能，伙伴关系理念不断深入
新西兰	国家与地方之间、各部门之间	通过中心目标、策略优先实现联合，制定公共预算，制定横向交会政策，对机构进行精简，促进各部门联合

6.2 西方国家整体性治理理论与实践对我国住房市场治理的借鉴

整体性治理是一种崭新的理论，更多地用于解决跨部门和跨地域问题。根据希克斯的观点，立足功能角度，政府实施分割化治理，使得机构承担代价与项目冲突出现重复，各自为政的现象非常严重，服务的使用者极易感到沮丧，社会公众不能得到应有的服务。这些问题在住房市场治理过程中是整体性运作、协调与合作需解决的问题。

我国地方政府在住房市场治理过程中，无论是各治理主体之间，还是他们的治理目标以及治理方式，没有建立协同机制，甚至从各自的部门利益出发，互相掣肘，从而导致无法形成治理的"合力"。而整体性治理主要着眼于政府内部机构和部门间的整体性运，是解决非结构化的社会问题的一种有效方式。因此，整体性治理能有效地解决住房市场中地方政府的"碎片化"行为。

6.2.1 整体性治理理论为住房市场治理提供了相关工具

整体性政府明确各机构关系,强调政策管制和服务监督与提供,主张连贯性。[①]另外,整体性政府不经常采用合同外包方式,并且收回了某些外包权力和下放权力。在整体性治理过程中,主张结果、公民需求与预防导向,重视各主体之间的整体运作,提倡由分散管理转向集中管理,由部分管理转向整体管理,由破碎管理转向整合管理,建立整合、协调与信任机制,高度整合政府相关部门,使公民获得更多选择性服务,进而提升服务质量。[②]逆市场化和重新政府化是整体性治理的一项主要措施,主要包括把以前改革过程中将一些外包给私人部门的活动重新交由公共部门进行。[③]英国通过合并把一些功能相近的机构重新组合成部门化的组织,取消了一些准政府机构,以及重新在以往被鼓励进行无限制竞争的地方机构这一微观层面建立合作的、以社区为基础的机构。再如,按照整体性治理理论,需整合公众需求,以公众需求为政府运作导向,强调每一环节的协调性,建立一个整体性、整合性的运作流程,始终围绕整体效益与最终目标运行。

虽然市场是资源配置的主要方式,但住房市场并不是万能的。因此,需要借助于整体性治理的相关工具,如对于保障性住房可以逆市场化和重新政府化,按照大部制的要求将相同或者类似的机构重新整合成部门化的组织,并且重造政府治理的审批流程。通过这些方法,改变政府治理不力的现状。

6.2.2 住房市场治理中各个部门需要目标一致

根据希克斯等学者的观点,强调整体性治理,整合政策与组织、机构与顾客等四个层级的目标。中央负责产生政策、组织目标,政策目标强调政策

---

① 竺乾威. 公共行政理论 [M]. 上海:复旦大学出版社,2008:458.
② 曾凡军. 从竞争治理迈向整体治理 [J]. 学术论坛,2009(9):82-86.
③ 竺乾威. 从新公共管理到整体性治理 [J]. 中国行政管理,2008(10):53.

连贯性，制定与执行政策，主要通过更好的管理，提供优质公共服务。实现组织目标，降低组织间的矛盾，更好控制组织输出。实现顾客目标，是引导公共服务，鼓励公民提出自身的看法和意见。实现机构目标，通过合理分配、平衡投资与资源，更好控制机构输出。另外，整体性治理目标主要为改进结果，有效整合机构的具体服务责任，转化层次上，需整合公共需求活动，有效合并各种输入活动。

通过整体性治理，这些治理目标符合中国住房市场目前的目标不一致的现象。对于组织层面、政策设计，中央政府制定具体调控政策、管理文件，总体设计住房市场顶层制度，而地方政府负责执行住房政策，努力配合中央政府，进而实现政策目标。因双方之间存在利益冲突与矛盾，中央政府采取多项举措，尽可能平衡双方利益，降低中央政府与地方政府的利益矛盾，强化控制地方政府。在住房市场中，购房者处于一种边缘状态，是住房市场的弱势群体，通过整体性治理可完美解决。在整体性治理时，提倡购房者监督政府部门，及时反馈相关意见，进而实现住房权利。

6.2.3 住房市场治理中需要整体性的治理结构

整体性治理的目标是通过协调政府部门间、部门内部、政府部门与私人部门之间的运作来实现政策环境的统合、优化资源的配置，聚合利益相关者，向公众提供无缝隙公共服务。"在政府实践领域中，西方公共治理呈现为从分散化到整体性的趋势，而学界研究也更侧重于从运用市场逻辑转向借助网络逻辑研究公共治理问题。"[1] 整体性治理的问题导向决定了政府活动必须充分利用各种可用的资源和优势，稳固而又具有灵活应变能力的网络结构才能得以形成。网络组织介于市场组织与科层组织之间。网络并非完全个体化、

---

[1] 胡象明，唐波勇. 整体性治理：公共管理的新范式 [J]. 华中师范大学学报（人文社会科学版），2010（1）：11-15.

离散性的,而是由具有共同价值的个体共同构筑的,网络中的个体相互依存、互动协作,具有相对稳定的关系。网络也不同于讲究权威与命令,刚性的科层组织,而是更具有柔韧性,讲究关系性的合约、协商及谈判。构成网络组织的基准是要具有相互性的逻辑,而不是权威或权力,也不是市场规范。在网络结构中,共同参与或协商的方法被普遍地运用,网络中的行动者之间是一种并不单纯依靠合作者的利益而更多依靠合作者之间的相互认同维系起来的协作关系。政府在网络结构中应该发挥中枢的作用,驱动并维护网络的运行。

住房市场中涉及多个治理主体,包括政府部门间,政府与房地产企业、政府与非营利性组织之间,这些主体可以通过合作的方式来实现为购房者提供无缝隙的服务。但是现实中双方各自为战,并没有形成一个合作的网络。政府部门与房地产企业成为利益共同体,把持着住房市场的话语权,而非营利组织被边缘化,处于完全弱势的地位。整体性治理则能通过网络结构的整合与协调,更好地协调不同主体间的利益冲突,将主体间的合作与管理控制有机结合起来,并借助于网络技术将其连接起来,使各方都能享有更多的公共服务选择权。这为解决我国住房市场治理现状提供了治理结构方面的指导。

6.3 本章小结

当整体性治理思想提出后,欧美等发达国家实施整体性政府改革。英国政府通过合并,将一些功能相近的机构重新整合,取消某些准政府机构,将就业和福利归入工作和养老金部等。同时恢复和重新加强中央功能。美国政府借助于数字化技术实现了一站式服务。澳大利亚政府更多地强调对组织结构和管理体制的横向协调和纵向整合,以及对相应的政府职能的转变和行政文化的塑造。整体性治理理论可以解决跨部门和跨地域问题,通过协调、合作、整合等方式来实现政府内部机构和部门间的整体性治理,能够解决非结构化的住房问题。

整体性治理理论是否能解决住房市场治理中的问题,是否契合住房市场治理,这也是本章需要重点解决的另一问题。通过对西方国家的比较研究,整体性治理的实践为住房市场的治理提供了相关的借鉴。首先,住房市场治理中需要整体性治理的相关工具,如逆市场化和重新政府化、大部制的组织结构和重塑相关的审批流程。第二,住房市场的治理需要各个部门有着一致的目标,而不是相互掣肘。第三,住房市场的治理需要整体性的治理结构,各个部门之间展开紧密合作。这三个方面为住房市场治理提供了治理目标、治理结构和治理工具。

第7章 住房市场中地方政府的整体性治理路径构建

整体性治理理论提出的治理框架、理念、路径与目标体系较为完善，根据该理论观点，整体性治理的前提与基础是官僚制，要开展整体性治理，就必须依靠官僚制，提倡政府部门与部门、部门和公众间形成信任关系，构建"顾客"信息系统，进而塑造政府责任感，健全政府预算机制，强调信息库建设、逆部门化建设与大部门制度建设。这些核心理论为促进住房市场治理提供了有益的借鉴。根据上述分析，对于住房市场治理，整体性理论是一种新的理论和新的思路，从这个角度对原有住房市场治理的不足进行分析，以便于分析治理失灵的原因。住房市场治理中存在问题的根源在于治理政策主体、制定与运行机制、评估机制和监督机制等方面存在不足，政府不重视与公众协作，导致政策治理出现效果碎片化。基于此，地方政府要想实现住房市场的整体性治理，需要从以下方面着手。

7.1 构建住房市场治理主体间的整体性组织结构

整体性治理是为了能为我们的社会提供更低成本和更好的社会效果及更有效的服务，区别于其他公共管理模式的重要标志是文化和价值观的差异。Peter J. Laugharne 认为，整体性治理努力将为复杂而且常常分散化的治理中的各机构和层次实现共同的目标：为越来越有鉴赏能力的公众提供高质量的服务。

7.1.1 住房市场治理的价值取向：整体的治理理念

"整体性的责任意识把项目的有效性提升到了最高位置，保证效率和效果不和这类目标相矛盾,并且通过结果输出来界定是什么使得效率和效果服务于项目的责任性和有效性。"整体性治理提倡工具与价值的理性平衡,重新在公共服务中纳入行政职能,以公共服务作为行政组织运行基础,提升公众的整体性需求,探讨公共服务结构,除满足公众一般性需求外,还需满足不同群体之间的差异需求,实现公共利益的平等化、均衡化。

1. 确立人民主权理念和服务理念

按照"民本"思想的本质,人民群众依然属于被管理的对象,但未认识公民权力从何而来。所以,"民本"观念强调为民做主思想。而政府职能部门之所以能对住房市场进行治理,是公民将其职能让渡给政府部门,并委托他们代为行使相关职能。在人民主权理论引导下,方可推动由管理者角色逐渐转向至"人民公仆"角色,逐渐提升地方政府的责任意识,将保证人民的住房福利作为自己工作的出发点和首要任务。

人民主权思想直接催生了服务理念,是改革住房市场治理体制以适应市场经济运行环境的需要。监管机构和公众之间,处于一种网络依附关系,致使公众无法拒绝、无法选择公共服务,对公众消极自由需求造成阻滞。所以,为满足住房市场的治理模式改革向整体性模式转变的需求,政府和公职人员需建立"以人民为主""为人民服务"的人民主权理念,不断提升公共利益意识、责任意识,进而促进政府行政效率的提高。

2. 实现住房问题及治理的整体认识

人民主权理念和服务理念是形成整体治理理念的基础。在此基础上,还要形成地方政府及其各职能部门,以整体观念认识住房问题,对住房问题及治理达成协调一致。地方政府需具备科学治理住房市场的思维,不局限于问题本身,要与社会平等、政策、发展、公正等密切联系。以住房平等为标准,认真梳理社会与经济政策,探寻合理的运行机制,分析住房平等的影响因素,加强相关配套改革,防止政策与政策之间发生冲突。并立足长远发展的角度,按照根本性治理与全局性治理原则,整体安排住房市场的战略,树立落实治理决心,对于当前地方政府治理住房市场是当务之急。

7.1.2 住房市场治理的大部门管理

根据整体性治理观点,在功能性划分时,考虑公共服务裂解性和政府管理碎片化问题,在现行功能性分工前提下,加强政府运作整合,提倡逆碎片化和部门化,加强"大部门"的管理与治理。现阶段,地方政府将住房市场治理职能具体到各个部门,由于职能较为分散,使得治理效率不高。按照整体性治理观点,构建"大部门"治理模式,改变治理部门的常设化与分散化问题,有效整合各部门职能,建立住房市场治理的常设机构,协调政府部门与民间组织,实现资源优化整合与配置,进而达到治理的核心主导作用。

1. 设立高层次的住房治理协调机构

现阶段我国政策制定和政策执行的模式,基本是由同一政府部门经过协商、议定、起草与执行后,建立的政策一体化模式。在执行过程中,各部门为获得更多利益,促进执行行为的合法性,均出台了许多住房法规与政策。但这些政策大多立足部门角度,所以产生了诸多的政策矛盾。这种现状也导致了住房市场的不利,地方政府作为住房市场治理的主体应该改变这种状况。

首先应该在各地方政府设置高层协调机构,具备独立性、权威性,在多元化治理过程中,使公共服务具有核心作用,政府因具有公共权力,因此需承担主要角色。我国可吸取国外成功经验,设立"大部门"治理机构,具有层级性、完整性特点,构建专项住房治理的政策决策、执行、监督、评估、反馈等机构,核心目标在于治理碎片化,合理制定住房政策,保证政策落实与执行,有效规范评估标准,进而提升政策服务水平。另外,还可设立政策咨询、政策研究机构，对社会各类资源、力量进行整合，为政府决策出谋划策。通过这个住房治理的协调机构来协调和指挥各部门，使其形成治理的合力，发挥"1+1＞2"的效果。

其次，相关部门的整合和协调是大部门治理机构得以生存的关键。在大部制改革的背景下，我们可以对功能相近的部门进行进一步整合，加强各部门协调与合作，例如财政部门、民政部门、社会保障部门、城建部门、国土部门等，就住房这个共同的问题加强功能协调，使其分工更加合理，尽可能地减少部门间职能交叉的矛盾和冲突。如2001年新西兰就将住宅公司与新西兰住宅合并，由社会政策部的住宅政策员工组成了新西兰住宅公司。[①]

7.2 地方政府与非营利住房组织的协作治理

整体性治理模式的核心机制是协调和整合。如果说大部门治理机构的建立是践行整合思想下住房市场治理组织层面上的整合，协调则注重认识与方法，是整体性运行的保障。通过协调，可诱导和激励各主体朝着共同目标前进。善治理论提倡"社会治理中心"，而整体性治理理论主张政府作用，提倡开展整体性治理，必须依靠官僚机制。立足该角度，对于住房市场的整体性治理，政府与社会之间应呈现一种民主的协作关系。根据我国实际情况，房地产企业和地方政府形成了利益联盟，而非营利组织尴尬地处于边缘化的这种状况并不利于住房市场的治理和发育。因此，我们需要发挥非营利组织的优势，将其吸纳到住房市场中，与地方政府形成有效的协作关系。

7.2.1 在协作关系中起主导作用的应该是地方政府

从现实资源和现实权力而言，地方政府与社会组织相比，具有无可比拟、无法替代的优势与作用，享有公共权力及其核心资源。地方政府属于权力垄

---

① 袁方成，盛元芝. 对新西兰"整体政府"改革的理解[J]. 政治学研究，2011（5）：112.

断者,作为土地的唯一供应者和市场的培育者多种角色,地方政府必须有所作为。立足传统政治文化角度,我国社会对政府依赖度极高,在住房市场治理时,使得社会组织较为软弱,必须依靠政府支持。所以,在住房市场治理中,地方政府必须承担主导者角色,而非营利组织只是地方政府的协作者。

7.2.2 发挥非营利住房组织力量

从现实角度出发,在住房市场治理时,地方政府虽起着主导作用,但对公民社会所发挥的作用并不排斥,只有使市场力量和公民社会两者的作用同时得以充分发挥,地方政府才能真正起到主导作用。按照世界各国的不同做法,在住房市场中,社会力量发挥着极为重要的作用,特别是非营利性住房组织。而非营利性住房组织参加到住房市场中,也有利于遏制房价的非理性上涨;同时推进政府转变职能,更好地为社会发展服务;保障公民的住房权,培育公民社会。地方政府应努力推进住房供应渠道、建设模式多元化,合作组织制度化,将普通民众逐渐引入住房体系中,为推动合作建房,加强非营利性的住房活动,促进合作建房组织的长效化与科学化发展,使普通民众逐渐成为住房建设、住房供应的主体之一。考虑到我国目前非营利组织的力量还很薄弱,而且住房建设需要大量的资金,这也需要地方政府对非营利组织进行扶持。

1. 资金的扶持

当前保障性住房已经纳入地方政府的考核目标,但是资金缺口是各级地方政府需要解决的最大难题。2011 年保障房建设资金需求达 1.3 万亿元,中央和地方各级政府需投入 4000 多亿元,其中中央财政安排投入 1522 亿元,剩余资金需要地方投入,这对地方政府财政构成了巨大挑战,不少地方财力为此已近枯竭。2012 年保障房在建工程量将达 1800 万套的历史新高,加上建材、人工等成本的上升,资金压力将达 1.8 万~2 万亿元左右。① 这对于习惯于"以地生财"的地方政府而言,保障性住房无疑是沉重的负担。地方政府应该转变思维方式,改变没有自我发展能力的寄生型建设模式,有效推动社会资源整合,积极吸纳民间资金,促进非营利性建房。在合作建房时,非营利性组织需具备一定经济实力,愿为自主需求提供资金投入,政府资助不再起着决定性作用。例如,温州市在合作建房过程中,完全未依靠地方政府的资金投入,住房建设资金、住房购地资金主要来源于参与者的多方投入,在没有增加财政负担的基础上,实现了住房投入规模扩大、住房供应增加的目的。对于资金较为薄弱的区域,地方政府可适度给予资金帮扶,支持非营利组织的合作建房,通过少量资金投入,增加社会资金参与度。

2. 土地供给的优惠

在我国合作建房流程中,建房所需的土地属于最大障碍,大多数城市的合作建房,由于不能获取合适土地而被迫中止。温州市因成功得到土地,才能顺利开展合作建房。对于非营利性建房而言,解决土地问题是其基础,某些发达国家为推动非营利性建房,制定相应政策对其进行支持,包括土地规划倾向公益性建房,非营利住房组织具有土地的优先购买权。

在我国保障性体系中,住房用地通常通过行政划拨方式进行供应。在 2011 年,我国保障性建房用地达到 8 万公顷,若划出部分土地给予合作建房,可有效改善居住条件,达到服务民生的目的。对于非营利性住房,其土地需求面积无须太大。各地方政府尚未完全脱离土地财政的依赖,利用市场化供地进行非营利性建房也值得一试。但是应考虑社会效益,对土地归属进行综合评定,对于面积适中的土地,合作建房者基本可接受市场交易价。例如,温州市的合作建房仅选购土地 23.4 亩,就是通过市场方式获得的。目前,我

---

① 今年在建保障房达 1800 万套,地方政府称已是"砸锅卖铁"筹资金 [EB/OL]. (2012-02-03)[2013-03-16]: http://estate.caijing.com.cn/2012-02-03/111656615.html

国土地流拍率正逐渐提升,政府可适当拆解面积较大的出让土地,以利于合作建房的土地购置,以优惠价格定向转让给合作建房组织。这些举措,可消除合作建房的土地问题,使地方政府获取基本土地价值效益,改善城市住房环境。

3. 倾斜税收金融政策

长期以来,许多发达国家的非营利性住房组织享有税收照顾。近些年来,许多建房组织发展成社会企业,营利活动逐渐增加,各国开始营利活动征税。我国普通类商品房和合作建房区别十分明显,合作建房为非营利性行为,合作建房流程中出现的各类交易行为,与商品房体系税收标准不相符合。因此,政府可考虑制定、发布相应的税收金融政策,给予适当倾斜,利用贴息方式促进非营利住房组织向银行贷款。

7.2.3 加强对非营利住房组织的监管

由于住房开发面临着法律风险和市场风险的双重威胁,地方政府在加大对非营利住房组织培育的同时,还需要加大对他们的监管力度,使其能够发挥应有的作用。

1. 制定、完善相关法规与法律

许多发达国家的非营利性住房得以稳健发展,主要依靠法律、法规的不断完善为其提供了良好的法制环境,非营利性组织的机构设置、宗旨目标、资金渠道、成员权益均有法可依。因这类组织主要为创造高额价值的住房物品,制定清晰和科学的法律制度,是社会监督与行政监管的需求,同时也是组织规范与科学发展的首要条件。现阶段,需按照城镇居民的实际收入状况,与住房市场发展实际相结合,吸取国外的先进经验,修订和完善相关暂行办法,明确合作建房的责权利、社会地位等因素,进而认可、保障实际合作建房。同时,由于我国短期内很难制定出科学的《住房合作社法》,因此主要在《住房保障法》中考虑纳入"非营利合作建房"的相关内容,着眼大原则、大方向,不规定详细条目,待法律环境成熟,可进一步补充、修订《住房保障法》。

2. 科学设计城市规划

对于社会住房、商品住房等建设,均需依靠合理、科学的城市规划,合作建房同样需要服从城市总体发展规划。目前,许多发达国家的法律体系中均纳入了"政府规划控制"的相关内容。例如,1901年,荷兰《住房法》尊重住房协会的合法地位,赋予地方政府约束、引导城市发展,制定城市发展规划等权力。英国以土地配额制、施工许可证等形式,引导与控制住房协会、开发商、政府公房等建设。在社会住房建设过程中,发达国家地方政府承担"规划者"的角色,利用规划许可方式,对市场主体运行进行监控。

现阶段,在我国土地供应中,政府承担垄断者角色,对于非营利性住房用地,无论是市场化购买、行政划拨,均需通过政府的土地申请和审批,给予合理控制和科学计划。在城市总体规划中,纳入比较分散的建房项目,加强规划手段的作用,保证个体性建房不发生土地浪费与乱建私搭情况,确保住房建设目标的真正落实。①

3. 监管其他方面

处于我国社会经济环境下,对于非营利性住房的其他方面,政府还需承担监管责任。主要包含两点:其一,努力扶持非营利性的社会组织、社会活动,对集资建房活动、职工合作建房进行严格控制。职工合作建房虽消除了某些困难职工住房问题,但部门化与单位化的建房行为与社会型合作建房不同,与社会公正、社会公平不相符合,国家应明令禁止。随着近些年来保障

---

① 汪建强. 非营利住房组织发展与我国多元住房供给体系构建[J]. 中州学刊, 2012(3): 109-115.

性住房建设不断增加，但部分地方政府为完成指标，放宽单位自建房，企图以职工合作建房充当保障性建房数量，为维护社会秩序，上级政府应给予监督、检查，严格查处国家行为，消除社会合作建房障碍；其二，政府应严厉查处非法集资行为。某些城市合作建房沦为非法集资工具，合作建房属于公益性事业，而非法集资主要为获取金钱利润。目前，我国应加强两者之间的甄别与扬弃。所以，合作建房组织不仅需要加强自身管理决策、规则章程与资金审计建设，提升公开性、透明度，还需要政府部门强化管理、监督，对资金使用进行严格审核，严厉查处非法集资行为。

7.3 优化住房市场治理的决策机制

针对我国住房市场治理决策机制目前存在的问题，需要对其进行优化。

7.3.1 住房市场整体性治理目标的制定

根据希克斯的观点，要达到治理目标，必须处理公众最关注的住房问题，建立一个核心目标与正式目标；改进结果，实现改革多过程整合；同时，有效结合各种输出活动。在住房市场的整体治理体系中，关键在于制定治理目标。结合希克斯理论，分为短期、中期、长期等治理目标，短期目标确保战略性目标可行性，长期目标具有引航作用，具有战略性质。

1. 住房市场治理的短期目标

按照短期目标而言，地方政府必须清晰定位住房市场，根据我国土地资源稀少、人口众多等国情，目前国内房地产市场属于消费品市场，对住房市场投资应进行严格遏制。若不由此入手，现阶段，我国房地产市场投资不断增加，政府出台的房地产政策权威性就会降低，即使投资供给增加再多，其作用也非常小。

将住房市场作为消费品看待，政府必须全面普查全国的住房情况，以此为准，确保每一户居民具有一套住房的所有权或者居住权。针对住房投资者，对于拥有二套及以上的居民住房，须采取利率政策、税收政策进行调整。尤其针对目前的房价上涨情况，须实施严厉政策控制。银行转按揭、加按揭，必须实施高利率政策、叫停政策，严格管控住房市场的投机问题。无论是居民、非居民，或是国内外投资者，均需遵循全面管制、全面限制原则，防止我国房地产市场沦为"谋取暴利"的市场。另外，为实现住房市场发展，利率是其核心，须通过利率变动方式，转变投资者预期，使房地产投资者清除利率对投资的影响。利用这些措施，实现住房市场的需求和供给基本平稳，让住房市场回归到生活必需品的本质上，从而慢慢实现房价的平稳。

2. 住房市场治理的中期目标

在住房市场治理经历了房价平稳，实现购房者的购买力和房价符合国家惯例后，该阶段是全面实施整体性治理的关键环节，其目标是提倡政府治理为主，加强各部门协调、合作，构建合理治理机制、科学决策与运行机制，重视评估与反馈，通过治理方法创新与治理手段创新，促进治理政策的长效发展，确保正常房价收入比以及低收入阶层的住房保障，建立住房平等的和谐社会。

住房中期目标须关注如下问题：其一，对于房地产市场，国家出台了物业税，若房地产物业税公平与公正，可良好引导住房市场的利益关系。房地产物业税规定，住房数量多、住房环境好的投资者，应多缴纳税费，而住房条件差、住房数量少的购房者，可少缴纳税费，达到条件者，可给予免税。其二，住房结构调整，对住房结构进行调整，可使市场产品结构发生改变，改善我国房地产市场发展的不和谐问题。在2013年，我国出台的"国六条"中，对我国今后的发展目标提出了细致的要求，其中包括房价的控制、抑制投机性购房、加强不同系列的住房供应、加强市场监管以及完善住房市场的配套机制等,这些都是住房市场今后发展的目标,但是落实下来需要一定的时间。其三,构建住房保障体系。不能局限于廉租房建设,住房保障体系作为一个体系,包含各层次、各层级的居民怎样纳入房地产体系。但处于该住房保证体系内,不同层次、不同层级的保障也存在差异。

3. 住房市场治理的长期目标

地方政府对住房市场进行治理,其目的究竟是什么?从住房产品的属性来看,住房不仅仅是用以遮风避雨的物质空间,更重要的是为城市居民提供生活环境和社会交往空间,为民众融入城市劳动力市场和主流社会以及获得公共服务创造机会(World Bank, 1995; Glaeser, 2007)。100多年前,某些发达国家在宪法、法律中明确规定每个公民享有住房权利。如1901年,荷兰出台《住房法》,明确规定政府必须为公共住房建设提供相应补贴,制定建筑住房规范,在住房市场中,政府承担决定性角色。同时,政府必须确保提供充足住房,因法律权威性、强制性规定,政府必须履行自身住房问题职责,无任何理由可推脱,不然,公众可能会向法院诉讼。随着现代文明的不断发展,联合国也将住房权写入了国际公约中,明确规定世界各国必须承认,人人有权为自身、家庭争取合适生活水准,其中包含住房、衣着与食物,逐渐改善生活、居住条件。缔约国也制定适当步骤,确保这一权利的实现。所以,发展住房市场的长期目标是为了实现人人享有适当的住房权。适当性住房,是人依托社会本质、自然属性应享有的基本权利,属于人权思想的基本属性。

对于住房市场而言,长期发展目标就是实现人权,我国住房市场发展必须以法律形式固定。如美国出台的《房地产法》,其宗旨是确保公众居住环境舒适、安全,大部分居民有支付住房费用的能力。我国属于社会主义体系,尤其是作为"民生"政府,我国政府必须以法律形式,将住房政策侧重于公众的居住权,使每一位中国公民享有中国现代文明建设的成果,分享市场经济发展的成果。所以,我国住房市场的长期发展目标须按照上述宗旨实施,进而促进我国社会的和谐发展、可持续发展。

基于以上的分析,地方政府对住房市场治理的长期目标应该是尽可能地保障"人人享有适当住房"的权利,将拥有住房和占有住房的人数最大化,保证不同阶层的购房者有能力获得所需要的不同层次的住房,最终保证居民的住房福利。因此,我国各地方政府应该将保障住房权作为最终目的。2007年我国开展城市发展国际论坛,建设部前部长汪光焘曾提出,应该保障我国公民住房权利,着力解决民生问题、社会公平问题,完善廉租房建设,以城镇最低生活保障为基础,逐渐扩大"廉租房"的收益人群,使人人均享有适当性住房。为推进我国住房市场稳健发展,必须树立公正与公平的观念,完善现行制度,建立具有中国特色的社会主义整体性治理模式,推进住房平等建设,维护中国公民的个人自由与个人平等,促进可持续、全面性发展,有效维护公民的公平与正义。

7.3.2 建立与完善相应的法律体系

我们首先应该建立和完善相应的法律体系,使得政府部门的所有职能和行为都在法律的框架中发挥作用。虽然我国相继颁布了《中华人民共和国城市房地产管理法》《中华人民共和国土地管理法》《中华人民共和国城乡规划法》《国有土地上房屋征收与补偿条例》等相关法律法规,但现行的法律法规还存在着许多的不足。首先是目前的法律都是各部门从各自职能出发,制定和颁布的相关法律。但是住房市场是综合性的,各个部门的分而治之无法发挥"1+1>2"的效果,反而会产生漏洞或者是双方间的冲突;其次是现有法律法规对中央和地方政府的职责、跨部门冲突的解决、协调机制的适用、责任追究机制等方面并无明确的规定。这就会导致每个部门出现有利可图的时候大家都抢着上，无利可图的时候大家都置之不理。现有的法律并没有详细地规定各部门应该如何相互协作，也没有理顺各部门之间的职能关系，无法避免各职能部门间的冲突。

因此，确保我国居民享有基本居住权，政府须出台一部"住房基本法"来改变原有领域分割的状况。在该领域中，应促进住房制度贯通，针对住房规划、住房保障、住房土地、住房产业等问题，系统性地规定与公民住房相关的问题，创建一个全局性、可行性的法律框架，完整展示住房战略、住房政策与住房方针，建立中国特色社会主义的住房法律体系。其一，对于住房所表现出来的问题系统性和整体性地解决，将保障性住房的任务有机融合到住房市场中，倡导普通住房"非商品属性"观念。地方政府应主动介入住房市场，在住房市场体系中，积极纳入保障性住房，通过国家干预市场的方式对公民住房权进行间接保障，再辅以直接保障的方式，以实现公民的住房权；其二，实现公民居住权是综合性、系统性的工程，与房地产业、社会保障、国土资源、城乡规划等密切联系，要求不同部门加强协调、合作。因此，必须建立多部门的协调、合作机制，利用法律形式固定机制，针对国土资源的实施细则制定，需加强房地产业与城乡规划部门的合作，认真考虑这些相关部门的基本制度与利益选择，使土地方面的实施细则与其他部门的价值取向相一致，同样，城市规划和土地管理部门在实施《住房法》时也要与土地等部门相互协调。

7.3.3 建立整合统一的政府间协调机制

为了使住房市场的大部门治理发挥更好的作用，部门间的协调机制是大部门管理的必要补充。大部门体制可以减少部门间的冲突，厘清部门间的职责。但是大部门管理并非是一剂灵丹妙药，通过构建大部制可以消弭部门间的冲突。相反，进一步完善政府间的协调机制，加强住房市场各部门间的合作，重构部门间的协调配合机制尤显重要。

1. 建立良好的合作信任机制

在人与人的交往过程中，信任是沟通的桥梁，尤其是在任一组织中的合作，信任是成功的基础。信任水平愈高，则机会主义、交易成本愈少，合作概率愈大。按照相关学者观点，在组织交易治理过程中，主要包含权力因素、信任因素与市场因素，而信任机制是主要因素。对于住房市场治理，地方政府属于权力中心。随着多元化治理主体的参与，各个主体间逐渐形成一种合作伙伴关系，跨入至住房治理领域。我们在传统的政府治理中融入了各种私营部门与社会力量，系统呈复杂性特点，针对这种现状，政府和社会主体应形成一种互动关系，而信任作为合作基础，可有效降低系统复杂性。按照罗伯特·罗茨的观点，在市场中，价格机制是关键协调机制；在等级制度中，行政命令是关键机制；那么在网络中，信任是关键机制。在住房治理领域，跨部门合作治理是必然趋势，由于各部门的互动关系，沟通与协商是必要交流渠道，各个主体需要通过这些渠道加强沟通，相互理解，减少政策制定和运行过程中的摩擦，各主体之间的互相信任，可使组织间顺利达成共识，促进合作成员的高效协作与同步互动，防止合作方由于契约谋取私利、信息不对称，而损害了整体利益与共同利益。

为有效解决住房市场治理中各部门的信任问题，主要应采取两点措施：其一，利用外部强制力，确保合作所需的信任，确保合作完成、合作延续。任何主体违反了相关的约定，可以对其进行惩罚。其二，合作双方之间加强内部互动，以建立彼此的信任关系，各个主体充分展示自身水平、自身能力。例如，房地产企业行动灵活、资金雄厚等，在住房市场中拥有较多的信息优势和技术手段；非营利部门在其特定领域具有专业性和非营利性，在保障性住房供给方面有着自己的优势；民间组织的基层性、基础性特点；政府的中立性、权威性特点，能够作为住房市场的监管者和培育者等，结合各方优势、需求，给予合理分工，加强主体之间的信任。另外，获取参与方的合法性，建立互相尊重与责任承担机制。在跨部门治理时，政府部门、私营部门与民间组织，在解决公共事务过程中彼此信任不可或缺。政府应信任房地产企业与公民社会有能力解决自身优势问题，信任公民具备共同价值观、公共意识，愿意为增进社会的住房福利而做出努力；公民需要信任政府，强调整体利益，重视"为人民服务"的指导原则。

2. 重视主体间的沟通协调机制

对于跨部门合作集体行动，必须加强各个主体之间的沟通，通过沟通，可实现信息的多元化交流，拓展正式的和非正式的沟通机制，强化主体间的目标理解、责任理解、任务理解，提升其解决问题的能力。针对我国住房市场治理，政府各职能部门作为唯一的治理主体，从自己的职能出发，与其他组织之间没有任何交流，往往导致问题无法有效解决。而跨部门合作的成功，需以协调努力为基础，对于集体行动，各参与主体的利益诉求、社会背景均存在差异，各参与主体解决问题时，通常会有不同意见，而通过协调，可以解决政府部门间、政府与社会主体间的矛盾和冲突，提升各主体解决难题的信心。协调的目的在于利用共同规划、共同协商，对参与主体间的利益关系进行调整，使政府部门、房地产企业、合作建房机构和购房者之间在形成决策时，能够有意识地沟通，共同考虑整体需求和共同利益，促进资源与信息的流动、共享，减少治理成本。对于非层级制治理，设立长效沟通协调机构，运用信息沟通平台，促进各参与方的意见表达，使各方的利益和诉求能表达出来，通过对话化解矛盾与冲突，实现良性互动。

3. 创新公共责任分配与承担机制

跨部门合作治理，是特定的一个公共问题，政府部门、房地产企业、合作建房机构等行动者都成为住房市场的治理主体，直接体现一定的公共利益。无论是政府还是非政府机构都应该拥有权利，也相应有责任和义务，在具体合作治理时,需明确各主体间的义务和权利,对参与主体行为进行约束,实现职责明确与分工合理,实现各方权利和义务的对等,形成相互促进与相互制约的机制,防止出现道德风险。根据《住房法》标准,制定相关协议,在跨部门治理时,明确多元主体的职责与地位,明确各方权限、权利关系,促使各主体在合作过程中,承担相应社会责任、经济责任与行政责任,降低道德风险率,提升住房市场的治理能力。

7.3.4 实现以跨部门业务协同为特征的流程再造

在公共部门管理中,流程再造属于综合性与系统性的绩效方法,通过网络信息技术,可实现组织机构的重组,打破传统部门间的界限,突破条块分割体制,促进跨部门之间的业务协同、资源共享。在住房审批的业务处理过程中,强调职能中心观念,分隔业务流程,会产生多头指挥现象,对作业效率造成严重影响,使得公众难以适应,缺乏整体观念和有效整合的机制。尤其对于住房市场,审批环节较多,时间过长,浪费了社会资源,增加了房地产企业和购房者的成本,并不利于住房市场的有效治理。据广州市政协常委、新城市地产董事长曹志伟的调查表示:"在广州市开发一项住房项目,整个环节需要799个工作日,要经过100个审批环节,要盖100个章。"① 因此,要想实现住房市场的有效治理,必须对住房市场的业务进行整合和精简。

1. 对审批流程重新改造

流程再造提倡打破部门界限,以流程为中心,最优化整体流程,促进流程中各项活动的有序进行,提倡工作网络化,集成整合跨部门,转变功能性结构,创建跨功能团队,转变政府"金字塔"结构,建立扁平式的网络结构。同时,政府应对审批流程设置进行优化,转变传统矛盾性、冲突性的流程设置。

---

① 精简项目审批流程可降房价 [N]. 新快报, 2013-02-01.

首先，业务流程再造，建立跨部门的业务流程，将统一业务相关处理部门，在同一流程上进行整合，促使完成各项业务各功能环境、职能部门、机构、人员、资源的优化整合，建立一个系统性的业务处理流程，有效打破传统部门界限，通过网络化协同，促进跨部门办公。如在住房项目的准备阶段，由于传统审批设置较多，相关部门的交叉审批与重复审批现象严重，甚至产生"互为前置"的现象，各种公章自然会增加，有的就有重复盖章之嫌。河北省针对此种情况，明确规定了四项办理事项：国土机构提供具备出让资格土地；环境机构提供环境规划、审定评价文件；地震机构提供安全地震性评价文件；规划机构提供刚性规划标准，所有业务处理均在招拍挂之前完成。同时将同一环节中的纵向审批环节改成横向同时进行，而并非一定得以其他单位的审批为前置条件。通过流程再造，可以避免部门间的交叉和重复审批。

其次，通过政府部门内部业务处理流程再造，消除了传统部门的重叠问题，改变了中间层次较多的状况，每项职能均明确具体职能部门管理，实现业务不重复与部门不重叠。房地产企业经常面临的另一个问题是，要在同一个部门的不同机构间办理相同的业务，这使得房地产企业在这上面也要耗费不少时间和精力。这也需要对政府部门内部的业务流程进行改造，实现"一个口子进一个口子出"。通过优化审批流程，提高政府职能部门的审批效率，也可以降低房地产商在获得土地后审批环节的时间成本和费用成本，对于住房市场的发育和完善有着重大的意义。

2. 对政府部门的职能进行严格限制

政府部门对住房市场监管无可厚非，但是同样需要对政府部门的职能进行限制，避免"以权谋私"的现象出现，强化他们的服务功能。特别是对各职能部门的审批权限、审批程序和审批时间进行严格的规定。要求各部门对房地产企业的各项申请在规定的时间及时回复，如无明确的回复，即可视为通过。例如河北省出台了审批制,强化行政服务中心的功能,各审批部门要派人进驻行政服务中心联合办公,联合审查,联合验收。严格落实限时办结制,各地要研究制定限时办结的具体规定,限定每个环节的办理时间,最大限度压缩审批时限,真正做到科(处)室当日办结、部门审批不超过3个工作日、全部办结不超过20天。

同时,为了发挥政府部门的服务作用,要求他们改变以前坐等上门的服务方式,主动地下基层跑市场,为企业主体服好务。例如,建设部门对一个验线,就包括验灰线、验基槽、验基座,会要求开发企业跑好几次。而让建设部门主动上门,一方面改变了以往的官僚作风,另一方面也可以提高相关部门的责任意识,提高服务效率。

7.4 畅通住房市场治理的运行机制

7.4.1 住房市场治理信息中心的建立

整体性治理十分注重信息系统建设。根据邓利维的观点,在几十年发展过程中,信息系统作为公共变革的关键因素,成为当代公共服务系统和现代化变革的中心。在住房市场治理时,地方政府对住房信息的开发和整合,具有十分重要的作用。现阶段,我国虽已开始电子化政府建设,然而理论层面和实践层面仍有多重阻碍。考察结构抽象所获得的信息系统、决策系统,可有效解决组织问题。[①] 而住房市场的信息流通不畅是影响部门间协调配合机制的重要因素之一,住房市场治理信息中心的建立可以解决这一症结。

7.4.2 通过电子化政府建立统一的住房市场治理中心

由于管理模式的分割化、碎片化,各部门间相互隔离、独成一体,使得住

---

① 廖俊松. 全观型治理:一个待检证的未来命题[J]. 台湾民主季刊,2006(3):201-206.

房市场信息呈孤岛化特点。所以，整合住房市场的信息，属于政府信息资源开发、利用、管理的关键部分。在住房市场治理时，应以"大部门"管理为基础，建立统一治理综合功能中心，通过信息技术、网络技术手段，强化信息化服务和治理，有效整合各类资源，通过网络基础与技术支撑，全力建设电子化政府。

建立住房市场治理中心可以加强信息资源整合，建立交换共享、跨部门的信息运行环境。信息资源整合是一个把外部环境、行政系统内部各个管理层次和各个部门、信息资源和公众结合起来的综合概念。[①] 通过整合，信息资源关联度会明显提高，许多隐蔽性信息逐渐被挖掘和显现，有利于公众和行政人员充分利用信息资源。所以，信息资源整合，不仅指政府收集、归纳各类信息资源，也指一种以公众需求、社会需求为导向，运用合理管理方法，促进政府服务的电子化与规范化的行为。参与到住房市场治理的各个部门可以利用跨部门的信息数据库寻求本部门所需要的资源，也可以将本部门获取的信息及时发送到数据库中，对信息进行汇总，其他部门可以从信息数据库中寻找想得到的资源，不用考虑是否跨越了本机构的职责权限。这个"数据互通、资源整合、信息共享、优化配置"的治理中心，实现了各部门对住房市场的信息共享。

7.4.3 采用统一的数据规范并统一处理和管理

数据库技术在各个领域都已经得到了广泛的运用，是电子化政府建设的基础和关键。但是由于不同部门对数据库技术采用不同的标准，给住房市场治理中心发挥作用带来了困扰。为了保证住房市场治理中心的平稳运行，各部门的数据需规范化、统一化，各业务系统中，统一数据处理与数据管理，创

---

① 小瑞芒德·麦克劳德，乔治·谢尔. 管理信息系统：管理导向的理论与实践 [M]. 8 版. 张成洪，等译，北京：电子工业出版社，2003：13-18.

建标准接口模式，将来在任一系统数据集成，均可以该统一数据平台为基础。利用该数据平台，确保决策支持数据基础的可信度与一致性。建立政务资源目录、住房基础、企业与人口等数据库，统一管理资源目录、法人、人口、地理等信息，确保数据的可靠性、完整性与一致性，促使基础数据库的规范化，为一站式服务、电子政务系统建设提供数据支持。

7.4.4 建构畅通的信息交流平台

美国著名公共政策专家艾克斯罗德运用博弈论知识和复杂的计算机模型，发现两个人在多次博弈过程中，"一报还一报"是最成功也是最有效的策略，证明在适当的条件下，合作确实能够在没有中央集权的自私自利者之间产生。而且，即使在所谓的"囚徒博弈"中，如果双方能够进行充分的信息沟通，走出困境也是可能的。[①] 为了能使政府之间、非营利住房组织、房地产商和公民之间能够有效地交流，在这个信息中心，构建互动回应体系，构建跨级网络，建立良性互动机制，以提升住房市场治理的公正性与公开性，确保有效评估与监督住房市场治理。

7.4.5 实现以一体化为特征的便捷服务

在整体政府的社会效果评价过程中，社会服务水平和服务质量属于关键指标，因此社会服务和途径整合是整体政府建设的主要途径。以一体化为特征的便捷服务，意味着公众可以利用统一入口，提交办事申请，及时获得政府服务，不必在多个机构、多个部门周旋，极大提升了社会服务效率。同样，在住房市场治理信息系统中，连接项目审批、验收、监管、销售、维护等各个环节的信息都记录在案，形成一个统一综合的监管网络，建立强大的数据库。我们也可以对每一个环节的信息进行查询，一旦有需要的时候我们可以找到相关责任者，

---

① 罗伯特·艾克斯罗德. 合作的进化[M]. 上海：上海人民出版社，1996：21.

从而控制房地产商和政府部门机会主义行为的发生,提高监管水平和效率。

7.4.6 建立专业的人才队伍

加强住房市场的信息管理,政府需引进一批专业性、信息化人才。建设电子化政府,也要求高技能、高知识人才。政府工作人员可在一定范围内完成单点登录,建立统一性、整合性的应用系统,实现工作界面的个性化,使已有系统有效耦合未来系统。在信息共享前提下,促进"一门式""一站式"办公,进而提升政府工作效率。这些新的要求需要专业的人才队伍予以技术上的支持,保证相应的技术能够正常发挥作用。

7.5 完善住房市场治理的评估和监督机制

任何完整的公共政策治理系统都不能没有政策的评估和监督机制。但是由于地方政府在住房市场政策系统处于主体地位,而政策制定和执行的碎片化,使得地方政府对住房市场治理的评估和监控变得十分困难。在大部门治理理念下,完善的住房市场治理评估和监督机制是地方政府住房市场治理体系的重要组成部分。

7.5.1 构建住房市场治理的评估体系

为了保证住房市场治理的效果,需要构建住房市场治理的评估体系,地方政府需建立专业评估机构,对住房市场治理政策进行评估,构建合理的绩效评估机制,接受社会监督。住房市场治理的评估应遵循"以人为本"和"以社会公正为基础"的价值理念,以推进社会公平和现实住房市场的资源优化配置为宗旨。结合住房市场治理的特点,评估的体系应该包括住房市场治理决策机制评估、住房市场运行机制评估和住房市场治理效果评估三个方面,具体的框架如图7-1所示。

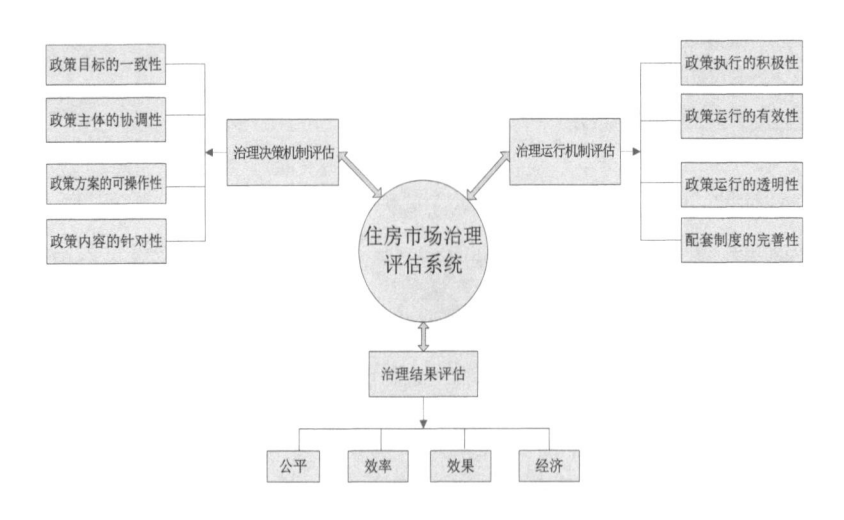

图 7-1 地方政府住房市场治理评估体系结构

1. 住房市场治理决策机制评估

我们应该首先评估住房市场治理决策机制,判断整体性决策机制是否有效解决了治理决策的碎片化问题。

政策主体的协调性。各政策主体在制定相关政策时是否从住房市场治理的长期目标出发,对于政策制定过程中出现的矛盾和争论能否达成共识,各主体间能否有效沟通,这是住房市场治理能否有效的第一步。而现实中各主体间的掣肘、摩擦甚至利益冲突导致政策制定和执行并不顺畅,因此在整体性治理框架中,政策主体的协调性是我们需要关注和解决的,而对住房市场治理中的政策主体协调性进行评价,无疑有助于我们判断是否对这一问题进行了改善。

政策目标的一致性。对于住房市场治理,首先需制定政策目标,判断政策需解决的问题与设定的目标是否有直接关系,并分析政策对非目标领域可能产生的影响及影响程度,在此基础上保持一致性和连贯性。各政策主体间无论是长远目标、中期目标和短期目标,都应该注重市场规则的制定,加大对住房市场的培育,以有利于住房市场长期稳定发展,在规则的基础上根据住房市场的内外部环境而做出调整。

政策方案的可操作性。政府所制定的政策目标,需满足可行性、合理性要求,主要包含两点评判标准:其一,分析直接性因素,对于住房市场治理,分析实现目标资源条件的影响因素,例如控制技术、投入资金等。其二,分析间接性因素,例如社会、经济、政治等环境因素。由于我国人多地少、区域发展不平衡等诸多因素制约,住房市场在不同地区差异较大。因此,还需要根据自己本地的特点制订出符合本地情况的政策方案。

政策内容的针对性。住房市场的政策内容,旨在提升居民住房福利,有效解决中、低收入者急需的住房问题,推动住房市场的稳健发展。所以,对于每一项住房政策,制定政策目标时,需考虑实际情况,针对性评估分析目标范围正确与否,指向明确与否。

2. 住房市场治理运行机制评估

住房市场治理政策在运行过程中的评估主要指,执行政策时分析问题、评估问题,制定政策标准、选取政策标准,结合执行者态度,是否根据预期计划执行,政策运行是否公开透明以及相关配套政策是否完善等方面。

政策执行的积极性。任何政策都需要有效执行才能落实。而地方政府是否配合中央政府积极执行住房宏观调控政策,各职能政府是否积极按照住房市场治理的总体目标行使自己的职能,这是政策目标能否实现的关键因素。因此,住房市场治理政策能否积极执行,需要对各主体从这一角度进行评估。

政策运行的有效性。住房市场治理政策能否按照预设的轨道运行,这是政策生命过程中最重要的环节,再完美的政策也需要严格地执行才能达到效果。这也是评估的条件之一。而政策运行的有效性需要必要的政策资源、恰当的执行方式、合格的执行人员等作为保障,因此我们需要对政策运行过程中所拥有各种资源进行评估。

政策运行的透明性。指政策运行过程中，政策的受众能否直接观察到政策的运行，地方政府是否公开、透明地让其他政策主体和政策客体观察到政策运行过程。

配套制度的完善性。一项政策的有效执行还需要其他配套制度予以辅助，才能发挥其作用。配套制度的不完善也影响着地方政府治理的效果。因此，地方政府还需要不断完善相关的配套制度，这也是住房市场治理评估的一个重要方面。

3. 住房市场治理效果评估

公共政策结束后同样需要对其效果进行评估，而住房市场治理效果的评估离不开价值判断。对于住房市场治理的效果我们可以简单地用 4E 标准进行评估。

经济（Economy）。经济评估标准主要立足政策制定者角度，比较分析政策收益和政策成本，考虑住房资源稀缺性，结合政策资源分配、使用问题，考虑政策资源分配、使用正确与否。

效率（Effectiveness）。建立效率评估标准，对某项住房政策执行情况，住房资源的产出、住房资源的投入情况进行评估，预算某项政策取得一定效果时所需的资源数量。根据我国住房市场实际情况，住房供给与住房需求之间存在较大冲突，要求大量政策资源供给，然而由于不可控因素、经济因素等限制，政策很难充分解决住房问题，无法全面达到各群体的住房需求。所以，建立效果评估标准，在政策目标实现后，评估和衡量特定问题的消除及解决程度。

效果（Efficiency）。住房市场的效果考核应该包括如下方面：各地方政府所辖区域内是否制定了科学的住房建设短期、中期和长期规划（包括经济适用住房、廉租房和商品房），以及政府是否完全掌握了辖区内居民住房拥有和需求情况，是否采取了切实有效措施实施建设规划，辖区土地转让和房地产投资获取的相关税费收入反哺住房困难户和新购房居民的比重，保障性住房新开工面积、销售面积、竣工套数以及辖区内居民对自身住房状况的满意程度，不同群体特别是中低收入群体在政策前后的住房福利是否得到提高等等。只有通过这些方面考虑，才能科学、客观地反映出住房市场治理的效果。

公平（Equity）。经济、效率和效果等事实标准关注的重点是"如何使政策获取更多的收益"，而公平性标准则更多关注"所获取的更多收益到底为了谁"。地方政府对住房市场进行治理，归根到底是为了保障不同的群体都能有自己满意的住房，保证不同的利益群体在利益分配中的公平性。因此，公平性标准是用来衡量多种住房政策制定和执行后的资源、价值、收益及成本在不同社会群体与成员之间的分配和配置是否符合社会公正价值取向的基本原则。

7.5.2 构建住房市场治理的监督体系

首先，我国公民社会处于一个成长发育期，对于住房市场治理，必须加强外部监督机制建设。只有完善的内外部监督体制，住房市场的治理才会按照正常的理论预设进行。

1. 内部监督：行政监督为主导

以行政监督为主导的内部监督是构建公共权力监督体系的核心环节，我国住房市场中目前对政府机构更多的是以内部行政监督为主，但是这种监督机制基本上没发挥作用。要想改变这种状况，需要从以下两个方面着手：其一，明确各层级政府的职能，清晰规定各部门的责任、职能分工，防止部门发生权责不一问题,行政监督部门应有效结合独立监督、互相监督与共同监督;其二,完善行政问责机制,使应急型问责机制逐渐转向长效型问责机制。对于问责事件,传统管理缺乏连续性,将住房市场治理的成果纳入行政考核、干部考核、社会发展的目标体系中,促使行政部门、行政人员高效、廉洁与依法行政。

2. 外部监督:立法监督、司法监督和社会监督相结合

完善外部监督,在制度建设和监管过程中提倡其他责任主体的积极参与。需完善立法监督,按照《住房法》中关于住房制度、原则、性质的规定,加强监督法制化体系建设,地方政府明确本地住房细则条例、政策规章。完善司法监督体系,明确违规、违法等行为的司法处理细则,强化司法机关的介入权力、监督职责。只有大力打击住房市场中的腐败现象,才能有效地遏制地方政府和个人的寻租行为。健全社会监督,确立民众的监督主体地位,甚至可以组建由人大代表、新闻媒体工作者、学者、律师、普通购房者等构成的社会监督委员会,落实住房市场各环节信息公开的制度化规定,促进民众知情权、表达权、参与权、监督权的实现。

7.6 本章小结

综上所述,整体性治理是中国住房市场治理的研究方向、新思路,针对现行住房治理的碎片化问题,加强问题分析,探讨住房治理失灵的关键原因。本章结合前面所分析的住房市场治理所表现出来的"碎片化"现象提出了相应的对策。

首先,住房市场治理的价值取向应该达成整体的治理理念。整体的治理理念需要确立人民主权理念和服务理念,将人民的利益摆在首位,并对住房问题形成整体的认识,将其纳入维护社会平等与社会公正中。其次,住房市

场治理应该有一个长期目标,而这个长期目标可以通过短期目标和中期目标来逐渐实现。短期目标是对住房市场有个清晰的定位,区分合理需求和投机性需求;中期目标则是通过税收和完善的住房结构来实现房价的平稳;长期目标则是实现人人享有适当的住房权。再次,通过机构改革来实现住房市场治理的大部门管理。高层次的住房治理机构是住房市场治理的保证,同时建立和完善相应的法律体系作为制度基础。但是大部制并非意味着可以解决政府间沟通不畅的问题,还需要构建相应的协调机制,如建立良好的合作信任机制,重视主体间的沟通协调机制和创新公共责任分配与承担机制。还需要对跨部门的业务进行流程改造。第四,政府与非营利住房组织的协作治理。在协作治理中,地方政府应该起到主导作用。发挥非营利住房组织的力量,对其进行资金、土地和税收上的支持。在加强支持的同时,还需要加强对他们的监管,预防法律风险和市场风险。第五,住房市场治理信息中心的建立。整体性治理非常重视信息技术的运用,通过电子化政府建立统一的住房市场治理中心,避免以前的信息资源孤岛化;采用统一的数据规范保证数据能够在部门间加工和共享;构建畅通的信息交流平台让各治理主体有效监督和评估。最后,住房市场治理的评估和监督机制的建立和完善。评估机制的体系应该包括住房市场治理决策机制评估、住房市场运行机制评估和住房市场治理效果评估三个方面,而建立内外部监督机制可以保证前面的各个环节在正常的轨道运行。

结　论

我国对住房市场调控已经有十几年的时间,但房价依旧在一片调控声中一路高歌猛进,住房市场中的问题并未在数轮调控中得到有效解决。到如今,住房问题已经不仅仅只是经济层面上的问题,随着影响的群体和范围不断增大,住房问题已经上升为政治问题。实际上,作为区域性的住房市场,地方政府在本地的住房市场治理中发挥着重要的作用。我国特有的行政管理体制下,国家的权威不断地碎裂化,地方政府有了更大的自主权,在住房市场治理中也就有了更多的自利意识和利益诉求。因此,对地方政府在住房市场中的行为进行研究成为一个急需解决的新问题。

本书采用了整体性治理这一前瞻性的理论作为研究工具,对住房市场中的政府行为加以研究。整体性治理理论是一个在国内刚刚被引介和研究尚处于起步阶段的理论,本书对该理论的主要内涵进行了系统的研究和整理。整体性治理着眼于政府内部机构和部门的整体性运作,并试图构造一个以治理层级的整合为高、治理功能的整合为宽、公私部门的整合为长的三维立体的整体性治理长方体,在实现政府管理从分散走向集中、从部分走向整体、从破碎走向整合的基础上,充分发挥公共部门、志愿团体或者私人企业的作用,使得任何一个复杂而棘手的公共问题都可以在这个三维立体的整体性治理模型中找到比较有效的方法。

在经历了经济体制改革后,地方政府对于住房的建设、分配和管理方面有了很大的转变。但是这种行为的演变也造成了住房市场大量问题的产生,成为我国地方政府所面临的严峻困境。而整体性治理为我们提供了分析框架和理论工具,为剖析和解决这一问题提供了帮助。通过研究表明,地方政府之所以无法有效解决住房市场中的问题,其原因在于住房市场治理过程中面临着严重的不足,表现在如下几个方面:(1)住房市场治理主体间的合作不足;(2)与公民社会的选择性协作;(3)住房市场治理决策机制的不完善;(4)住房市场治理运行机制的不健全;(5)住房市场治理评估和监督机制的空缺化;(6)住房市场治理效果不佳。同时本书对北京市住房市场的政府治理行为进行了实证研究。

如何来解决住房市场的治理问题,整体性治理提供了相应的解决路径。在整体性治理的框架中,要求所有的主体需要有整体的治理理念。在此基础上来制定住房市场治理的短期、中期和长期目标,住房市场的短期目标是摸清楚住房市场的状况,获得住房市场的普查数据;中期目标则是根据不同需求层次来提供不同结构的住房产品;长期目标是保障每一个公民的居住权。在治理组织上需要构建住房市场的大部门管理,设立高层次的住房治理协调机构,并建立与完善相应的法律体系,同时建立整合统一的政府间协调机制,通过跨部门业务协同为特征的流程再造来实现无缝对接。除了政府内部改造之外,还需要与非营利住房组织协作治理。整体性治理强调引入信息系统建设,住房市场的治理也需要建立信息中心来辅助。最后,还需要建立和完善住房市场治理的评估和监督机制。

总之,整体性治理作为当前公共行政领域的前瞻性理论,可以运用到住房市场的地方政府治理中。通过新的工作方式、新的组织工作方式、新的公共服务方式和新的责任和激励机制来实现地方政府对住房市场的整体性治理,提升治理的效果,最终实现全体公民住房福利的最大化。

参考文献

（一）著作类

[1] 欧文·休斯. 公共管理导论 [M]. 3版. 张成福, 等译. 北京: 中国人民大学出版社, 2007.

[2] 斯蒂芬·戈德史密斯, 等. 网络化治理 [M]. 孙迎春, 译. 北京: 北京大学出版社, 2008.

[3] 菲利普·库珀. 合同制治理 [M]. 竺乾威, 等译. 上海: 复旦大学出版社, 2007.

[4] 文森特·奥斯特罗姆. 美国公共行政的思想危机 [M]. 毛寿龙, 译. 上海: 上海三联书店, 1999.

[5] 拉塞尔·林登. 无缝隙政府——公共部门再造指南 [M]. 汪大海, 译. 北京: 中国人民大学出版社, 2002.

[6] 皮埃尔·卡蓝默. 破碎的民主: 试论治理的革命 [M]. 高凌瀚, 译. 北京: 三联书店, 2005.

[7] 帕金斯, 等. 走向21世纪: 中国经济的现状、问题和前景 [M]. 陈志标, 译. 南京: 江苏人民出版社, 1992.

[8] 小瑞芒德·麦克劳德, 乔治·谢尔. 管理信息系统: 管理导向的理论与实践 [M]. 8版. 张成洪, 等译. 北京: 电子工业出版社, 2003.

[9] 罗伯特·艾克斯罗德. 合作的进化 [M]. 上海: 上海人民出版社, 1996.

[10] 薄贵利. 近现代地方政府比较 [M]. 北京: 光明日报出版社, 1998.

[11] 成思危. 中国经济改革与发展研究 [M]. 北京: 中国人民大学出版社,

2001.

[12] 陈淮, 赵路兴. 房价谁说了算？[M]. 南昌：江西人民出版社, 2005.

[13] 方卫华. 中介组织研究[M]. 北京：社会科学文献出版社, 2007.

[14] 胡象明. 公共部门决策的理论与方法[M]. 北京：高等教育出版社, 2007.

[15] 胡象明. 政策与行政——过程与理论[M]. 北京：北京航空航天大学出版社, 2008.

[16] 胡象明. 应对全球化：中国行政面临的挑战与对策[M]. 北京：北京师范大学出版社, 2011.

[17] 雷润琴. 传播法——解决信息不对称及相关问题的法律[M]. 北京：北京大学出版社, 2005.

[18] 吕萍, 等. 房地产开发与经营[M]. 2版. 北京：中国人民大学出版社, 2007.

[19] 毛寿龙. 中国政府功能的经济分析[M]. 北京：中国广播电视出版社, 1998.

[20] 南京市统计局. 南京市统计年鉴（2002—2007）[M]. 北京：中国统计出版社, 2008.

[21] 皮纯协, 张成福. 行政法学[M]. 北京：中国人民大学出版社, 2005.

[22] 汪玉凯. 公共政策[M]. 北京：中国人事出版社, 2007.

[23] 王洁. 法律语言学教程[M]. 北京：法律出版社, 1997.

[24] 王仰文. 中国公共政策冲突实证研究[M]. 北京：中国社会科学出版社, 2011.

[25] 杨立华. 超越政府与超越企业[M]. 北京：中国经济出版社, 2005.

[26] 于思远, 等. 房地产住房改革运作全书[M]. 北京：中国建材工业出版社, 1998.

[27] 竺乾威. 公共行政理论 [M]. 上海：复旦大学出版社，2008.

[28] 张元端，张跃庆. 中国改革全书（1979—1991）：房地产业改革卷 [M]. 大连：大连出版社，1992.

[29] 中国房地产估价师学会. 房地产估价理论与方法 [M]. 北京：中国物价出版社，2001.

[30] Patrick Dunleavy. Digital Era Governance:It Corporations, the State, and E-Government[M]. Oxford:Oxford University Press, 2006.

[31] Grigsby. Re-thinking Housing and Community Development Policy[M]. Pennsylvania :Pennsylvania Press, 1991.

[32] Perri Six, Diana Leat, Kimberly Seltzer, GeryStoker. Governing in the Round Strategies for Holistic Government [M]. Demos:The Mezzanine Elizabeth House Press, 2001.

[33] Perri Six, Dinna Leat, Kimberly Seltzer, Gerry Stoker. Towards Holistic Governance:The New Reform Agenda [M]. New York:Palgrave, 2002.

[34] Anne Power. Hovels to High Rise:State Housing in Europe since 1850[M]. London:Routledge Press, 1993.

[35] Bardach. Getting Agencies to Work Together:The Practiced Theory of Managerial Craftsmanship [M]. Washington:The Brookings Institution, 1998.

[36] Wang Y. Urban Poverty, Housing and Social Change in China [M]. London:Routledge Press, 2004.

[37] Chung J H. The Politics of Policy Implementation in Post-Mao China:Central Control and Provincial Autonomy under Decentralization[M]. Oxford:Oxford University Press, 2007.

[38] Lund B. Understanding Housing Policy Approaches[M]. Cambridge:The Policy Press, 2006.

[39] Malpass P, Murie A. Housing Policy and Practice[M]. London:Palgrave Macmillan Press, 1999.

[40] Davis D. From Welfare Benefit to Capitalized Asset:the Re-commodification of Residential Space in Urban China[M]. New York:Routledge Press, 2003.

[41] Leland Burns, Leo Grebler. The Housing of Nations:Analysis and Policy in a Comparative Framework[M]. London:Palgrave Macmillan Press, 1977.

（二）论文类

[1] 白炜,谭庆华. 房地产业调控到底应该调控什么？——兼对房地产消费信贷政策的思考[J]. 消费经济, 2009(4): 59-62.

[2] 操小娟. 土地利益调整中的地方政府行为分析[J]. 中国软科学, 2004（5）: 11-15.

[3] 慈冰,胡雯. "双轨房"难局[J]. 财经, 2011(6): 70-78.

[4] 崔光胜,莫光财. 房地产价格上涨中的地方政府有限理性行为分析[J]. 新视野, 2008(1): 47-49.

[5] 戴长征. 国家权威碎裂化：成因、影响及对策分析[J]. 中国行政管理, 2004(6): 75-82.

[6] 邓志锋. 房价、地方政府与经济人行为逻辑[J]. 城市发展研究, 2009（11）: 157-159 .

[7] 段岩燕,曹振良. 调控房地产价格的关键——土地和金融[J]. 当代经济, 2005(2): 57-59.

[8] 方卫华,周华. 新政策工具与政府治理[J]. 中国行政管理,2010(10):69-72.

[9] 高波. 房地产开发商策略性定价行为的经济学分析[J]. 产业经济研究,2008(2):35-41.

[10] 韩蓓,蒋东生. 房地产调控政策的有效性分析——基于动态一致性[J]. 经济与管理研究,2011(4):22-31.

[11] 何元斌. 开发商与地方政府、消费者在房地产市场中的博弈分析[J]. 北京工商大学学报(社会科学版),2006(3):98-102.

[12] 胡佳. 迈向整体性治理:政府改革的整体性策略及在中国的适用性[J]. 南京社会科学,2010(5):46-51.

[13] 胡佳. 整体性治理:地方公共服务改革的新趋向[J]. 国家行政学院学报,2009(3):106-109.

[14] 胡象明. 论以人为本的政策价值理念[J]. 国家行政学院学报,2007(2):86-89.

[15] 胡象明. 协商治理:中国公共管理体制改革的目标模式[J]. 学术界,2013(9):66-72.

[16] 胡象明,唐波勇. 整体性治理:公共管理的新范式[J]. 华中师范大学学报(人文社会科学版),2010(1):11-15.

[17] 胡象明,孙楚明,地方政府执行力弱化的新制度经济学分析[J]. 深圳大学学报(人文社会科学版),2010(3):7-75.

[18] 胡象明,娄文龙. 住房市场中的地方政府行为研究[J]. 学习与探索,2010(3):67-70.

[19] 金太军. 新公共管理:当代西方公共行政的新趋势[J]. 国外社会科学,1997(5):20-24.

[20] 况伟大. 市场结构与北京房价[J]. 改革,2003(3):69-73.

[21] 孔煜. 金融政策与房地产市场发展[J]. 经济论坛, 2009(1): 50-51.

[22] 李培. 中国住房制度改革的政策评析[J]. 公共管理学报, 2008(3): 47-55.

[23] 刘秀光. 我国房地产的内在矛盾与价格坚挺——对我国房地产价格坚挺的一个分析框架[J]. 学术问题研究, 2007(1): 30-34.

[24] 刘江涛, 等. 土地利用规制强化与供给过剩并存的解析及修正[J]. 经济体制改革, 2009(3): 38-43.

[25] 刘敬伟. 非均衡条件下房地产价格变化的主要因素及动力机制[J]. 经济研究导刊, 2007(6): 186-188.

[26] 刘俊生. 公共文化服务体系及其变迁研究[J]. 中国行政管理, 2010(1): 39-42.

[27] 刘雷. 房地产开发商与政府之间的博弈分析[J]. 财经问题研究, 208(8): 103-106.

[28] 刘超. 地方公共危机治理碎片化的整理——"整体性治理"的视角[J]. 吉首大学学报(社会科学版), 2009(2): 78-81.

[29] 刘伟. 论"大部制"改革与构建协同型政府[J]. 长白学刊, 2008(4): 47-51.

[30] 廖俊松. 全观型治理: 一个待检证的未来命题[J]. 台湾民主季刊, 2006(3): 201-206.

[31] 廖俊平. 当前房价宏观调控的误区[J]. 城市开发, 2005(6): 45.

[32] 娄文龙, 张燕. 房地产市场: 加强规制还是放松规制——基于规制经济学的视角[J]. 城市发展研究, 2008(4): 119-122.

[33] 娄文龙. 我国房地产市场中的政府规制及其改进对策[J]. 求索, 2011(9): 23-25.

[34] 娄文龙, 胡象明. 房价与地价关系的国内研究综述[J]. 经济问题探索,

2012(1):38-42.

[35] 娄文龙,胡象明. 宏观调控下中央与地方政府在住房市场中的博弈[J]. 现代经济探讨,2012(11):33-36.

[36] 娄文龙,田大瑜. 房地产实体经济与虚拟经济的均衡发展研究[J]. 广义虚拟经济研究,2015(2):77-82.

[37] 娄文龙,张娟. 中国房地产宏观调控政策变迁量化研究——基于共词和聚类分析的视角[J]. 上海经济研究,2018(8):63-72.

[38] 卢卫. 我国房地产宏观调控的政策基点、难点与建议[J]. 中国房地产,2010(9):22-24.

[39] 吕建华,高娜. 整体性治理对我国海洋环境管理体制改革的启示[J]. 中国行政管理,2012(5):19-22.

[40] 孟庆瑜,陈雪.《住房法》立法问题研究——一种基于人权保障视野的整体性法律解决方案[J]. 河北大学学报(哲学社会科学版),2012(1):59-69.

[41] 彭锦鹏. 全观型治理:理论与制度化策略[J]. (台湾)政治科学论丛,2005(23):56-60.

[42] 仇保兴. 对地方政府"土地财政"的理性分析及兴利除弊之策[J]. 城市发展研究,2010(4):8-11.

[43] 钱滔. 地方政府治理与房地产市场发展[J]. 浙江社会科学,2010(3):7-10.

[44] 唐旭君,姚玲珍. 商品住房市场土地供给政策调控的传导机制分析[J]. 现代城市研究,2012(3):79-83.

[45] 田莉. 房地产市场中的政府行为外部效应解析[J]. 城市问题,2008(7):79-85.

[46] 托马斯·海贝勒. 关于中国模式若干问题的研究[J]. 当代世界与社会

主义,2005(5):9-11.

[47] 万冬. 地方政府行为与房地产发展——基于上海市的实证研究[J]. 中南大学学报(社会科学版),2010(1):95-100.

[48] 王芳芳,董骁. 地方政府的"土地财政"及其弊端[J]. 城市问题,2010(2):69-73.

[49] 王丽娟. 我国地方政府财政支出竞争的异质性研究——基于空间计量的实证分析[J]. 财贸经济,2011(9):11-18.

[50] 王思锋,彭兴庭. 论中国房地产市场的政府规制[J]. 西北大学学报(哲学社会科学版),2011(5):148-153.

[51] 王天夫,黄征. 资本与民众:房地产市场的社会冲突[J]. 国家行政学院学报,2008(4):68-71.

[52] 王海鸿,李田. 基于政企关系视角的房地产市场中政府寻租问题研究[J]. 经济体制改革,2010(2):149-152.

[53] 翁士洪. 整体性治理及其在非结构化社会问题方面的运用[J]. 甘肃行政学院学报,2009(5):71-79.

[54] 吴春梅,谢迪. 村庄整体性治理视域下的权责碎片化整理研究[J]. 农村经济,2012(5):11-15.

[55] 伍德业,刘红. 地方政府对房地产市场价格的影响研究[J]. 经济纵横,2008(10):41-44.

[56] 吴旬. 土地价格、地方政府竞争与政府失灵[J]. 中国土地科学,2004(2):10-14.

[57] 肖教燎,毛燕玲. 土地宏观调控中地方政府问责机制的博弈分析[J]. 武汉大学学报(哲学社会科学版),2010(6):859-865.

[58] 徐江. 房地产宏观调控中的三方动态博弈问题[J]. 电子科技大学学报(社科版),2007(6):18-21.

[59] 杨帆, 卢周来. 中国的"特殊利益集团"如何影响地方政府决策——以房地产利益集团为例[J]. 管理世界, 2010(6): 65-73.

[60] 杨立华, 周志忍, 蒙常胜. 走出建筑管理垃圾困境[J]. 中国行政管理, 2013(9): 1-6.

[61] 杨智璇, 班允浩. 基于两个联盟转换的房地产市场管制与反管制博弈分析[J]. 现代财经, 2009(7): 81-84.

[62] 易宪容. 中国住房市场的公共政策研究[J]. 管理世界, 2009(10): 62-71.

[63] 俞可平. 中国公民社会：概念、分类与制度环境[J]. 中国社会科学, 2006(1): 109-122.

[64] 俞露. 我国房地产市场中地方政府行为的经济学分析[J]. 东南大学学报(哲学社会科学版), 2009(2): 17-23.

[65] 余凯. 我国寡头垄断下的房地产价格形成机制研究[J]. 城市发展研究, 2007(3): 63-71.

[66] 袁方成, 盛元芝. 对新西兰"整体政府"改革的理解[J]. 政治学研究, 2011(5): 110-112.

[67] 尹伯成. 论房市调控与发展[J]. 经济经纬, 2005(4): 54-56.

[68] 翟纯红, 郝家龙. 房地产宏观调控政策的决策误区及其实证分析[J]. 山西高等学校社会科学学报, 2005(2): 34-36.

[69] 赵子建. 公共服务供给方式研究述评[J]. 中共天津市委党校学报, 2009(1): 82.

[70] 赵全军. 中央与地方政府及地方政府间利益关系分析[J]. 行政论坛, 2002(2): 17-18.

[71] 张娟锋, 虞晓芬. 土地资源配置体制与供给模式对房地产市场影响的路径分析[J]. 中国软科学, 2011(5): 29-36.

[72] 张岑遥. 城市房地产价格中的地方政府因素：成因、机制和效应 [J]. 中央财经大学学报, 2005 (10): 65-69.

[73] 张立荣, 等. 当代西方"整体政府"公共服务模式及其借鉴 [J]. 中国行政管理, 2008 (7): 108-111.

[74] 张金鹊. 台湾地区住宅政策纲领与实施方向 [J]. 都市与计划, 1990 (17): 21-25.

[75] 郑思齐, 师展. "土地财政"下的土地和住宅市场：对地方政府行为的分析 [J]. 广东社会科学, 2011 (2): 5-10.

[76] 周建军, 代支祥. 论房地产市场调控中的中央与地方政府的博弈 [J]. 财经理论与实践, 2012 (1): 78-82.

[77] 周黎安. 晋升博弈中政府官员的激励与合作 [J]. 经济研究, 2004 (6): 33-40.

[78] 竺乾威. 从新公共管理到整体性治理 [J]. 中国行政管理, 2008 (10): 52-58.

[79] 竺乾威. 官僚化、去官僚化及其平衡：对西方公共行政改革的一种解读 [J]. 中国行政管理, 2010 (4): 47-50.

[80] 朱亚鹏. 公民住房权的认识误区与住房政策的偏差 [J]. 探索与争鸣, 2010 (2): 15-16.

[81] 朱亚鹏. 我国房地产调控中的问责困境 [J]. 学术研究, 2012 (12): 50-56.

[82] 朱亚鹏. 中国住房领域的问题与出路：政策网络的视角 [J]. 武汉大学学报（哲学社会科学版）, 2008 (5): 345-350.

[83] 邹琳华. 管制和垄断对房地产成本的影响估计 [J]. 统计研究, 2009 (2): 8-14.

[84] 邹瑾. 从博弈均衡论我国房地产金融监管思路的调整——在政策与实践

的博弈中完善规则[J]. 西南金融, 2006(3): 15-17.

[85] 曾维和. 西方"整体政府"改革: 理论、实践及启示[J]. 公共管理学报, 2008(4): 62-69.

[86] 曾维和. 整体政府——西方政府改革的新趋向[J]. 学术界, 2008(3): 290.

[87] 曾凡军. 从竞争治理迈向整体治理[J]. 学术论坛, 2009(9): 82-86.

[88] Bengtsson B. Housing as a Social Right: Implications for Welfare StateTheory[J]. Scandinavian PoliticalStudies, 2001, 24(4): 255-275.

[89] Buchanan. The Pure Theory of Government Finance: A Suggested Approach[J]. The Journal of Pllitical Economy, 1949(57): 496-505.

[90] Chow G C. China's Economic Reform and Policies at the Beginning of the Twenty-first Century[J]. China Economic Review, 2011 (11): 427-431.

[91] Christopher Pollit. Joined-up Government: a Survey[J]. Political Studies Review, 2003(1): 34-39.

[92] Edward L Glaeser, Matthew E Kahn, Jordan Rappaport. Why Do the Poor Live in Cities: The Role of Public Transportation[J]. Journal of Urban Economics, 2008(1): 1-24.

[93] Huang Y, William A V C. Housing Tenure Choice in Transitional Urban China: A Multilevel Analysis[J]. Urban Studies, 2012 (1): 7-32.

[94] Ihlanfeldt. Housing Bubbles and Busts: The Role of Supply Elasticity[J]. Land Economics, 2014(1): 79-99.

[95] Lai. Governance and the Housing Question in a Transitional Economy: the Political Economy of Housing Policy in China

Reconsidered[J]. Habitat International, 2010(3):231-243.

[96] Lee J. From Welfare Housing to Home Ownership: the Dilemma of China's Housing Reform[J]. Housing Studies, 2000(1):61-76.

[97] Lisa Paul. New Levels of Responsiveness-Joined-up Government in Response to the Bali Bombings[J]. Austrian Journal of Public Administration, 2005(2):31-34.

[98] Logan J R, Bian Y, Bian F. Housing Inequality in Urban China in the 1990s[J]. International Journal of Urban and Regional Research, 1990(1):7-25.

[99] Maclennand. Housing Economics: An Applied Approach[J]. Harlow, 2009(5):57-81.

[100] Matthew Flingers. Governance in Whitehall[J]. Public Administration, 2002(1):51-75.

[101] Martin Roche. Complicated Problems, Complicated Solutions? Homelessness and Joined up Policy Responses[J]. Social Policy & Public Administration, 2004(7):758-774.

[102] Milligan V. 21st Century Housing Policy Approaches: Insights from Abroad[J]. Melbourne, 2007(19):58-70.

[103] Peter Wilkins. Accountability and Joined Government[J]. Austrian Journal of Public Administration. 2002(61):254-275.

[104] Richards David. Towards Holistic Governance: The New Reform Agenda [J]. Parliamentary Affairs, 2003(2):358-359.

[105] Philippa Russel. Access and Achievement or Social Exclusion? Are the Government's Polices Working for Disabled Children and Their Families[J]. Children&Society, 2003(17):280-298.

[106] Ritakallio V M. The Importance of Housing Costs in Cross-national Comparisons of Welfare (State) Outcomes[J]. International Social Security Review, 2007(2):81-101.

[107] Rogoff. The Optimal Commitment to an Intermediate Monetary Target[J]. Quarterly Journal of Economics, 1985(10):1169-11591.

[108] Rosen K T. Increasing Home Ownership in Urban China: Notes on the Problem of Affordability[J]. Housing Studies, 2000(1):77-88.

[109] Shaw V N. Urban Housing Reform in China[J]. Habitat International, 1997(2):199-212.

[110] Tom Ling. Delivering Joined-up Government in the UK: Dimensions, Issues, and Problems[J]. Public Administration, 2002(4):638-639.

[111] Turner B, Malpezzi S. A Review of Empirical Evidence on the Costs and Benefits of Rent Control[J]. Swedish Economic Policy Review, 2003(10):11-56.

[112] Wang C C, Chan A K, Chen Z X. Segment intenders and non-intenders in China's Property Market: A Hybrid Approach[J]. Journal of Consumer Market, 2011(4):319-331.

[113] Wang Y P. Public Sector Housing in Urban China 1949—1988: the Case of Xi'an[J]. Housing Studies, 1995(10):57-82.

[114] Yeh E T. Forest Claims, Conflicts and Commodification: the Political Ecology of Tibetan Mushroom-harvesting Villages in Yunnan Province, China[J]. China Quarterly, 2007(11):264-278.

[115] Zhu Y. Struggling among Economic Efficiency, Social Equality and Social Stability: Housing Monetarization Reform in China [J]. Changing Governance and Public Policy in East

Asia, 2009(10):253-284.

[116] Zhang X Q. Institutional Transformation and Marketisation: the Changing Patterns of Housing Investment in Urban China[J]. Habitat International, 2006(30):327-341.